DON QUIJOTE

WILHELM KIENZL

Don Quijote

Edición, traducción y notas
Carmen Rivero Iglesias

GRUPO DE ESTUDIOS
CERVANTINOS

El *Quijote* y sus
interpretaciones

Luna de
Abajo

OVIEDO 2023

Universidad de Oviedo

GREC
GRUPO DE ESTUDIOS
CERVANTINOS

Colección El *Quijote* y sus
interpretaciones, n.º 14

DIRECTORES:
Emilio Martínez Mata
y María Fernández Ferreiro
http://grec.grupos.uniovi.es/

© DE LA EDICIÓN:
Carmen Rivero Iglesias

TÍTULO ORIGINAL:
Don Quijote

EDITA:
Luna de Abajo
https://www.lunadeabajo.com/
DISEÑO:
Pandiella y Ocio

1.ᴬ EDICIÓN: septiembre 2023

EDICIÓN DIGITAL PDF:
Gratuito para lectura
online y descarga
—

EDICIÓN EN PAPEL:
DEP. LEGAL: AS 01836-2024
ISBN: 978-84-86375-76-8

ÍNDICE

Prefacio de la empresa colaboradora

Mi vínculo con *El ingenioso hidalgo don Quijote de la Mancha* viene de lejos. Era pequeño cuando me regalaron una versión infantil y cuando leímos varios capítulos en el colegio, posteriormente. Su compañero en algunas andanzas, Sancho Panza, el supuesto yelmo de Mambrino y el episodio de los gigantes marcaron mi imaginación durante años, hasta que con más edad pude deleitarme con una versión ilustrada por Gustavo Doré y disfrutar con el placer de su lectura íntegra.

Cuatro siglos después de su primera edición, el *Quijote* sigue teniendo relevancia y sigue siendo de actualidad, pues en su texto se encuentran multitud de referencias útiles para entender muchas situaciones relacionadas con la vida cotidiana hoy en día. La universalidad de la obra de Cervantes tiene ahora una especial importancia dada la globalización de la economía y del conocimiento. Y, en particular, la globalización de las empresas que, con la contribución de los últimos avances científicos, en muchos casos, han conseguido que su actividad y sus proyectos puedan alcanzar un impacto tan universal como la propia novela cervantina.

Cuando desde E2IN2 tuve conocimiento de los trabajos que desarrolla el Grupo de Estudios Cervantinos de la Universidad de Oviedo, no dudé ni un momento en ponerme en contacto con las personas que lideraban la iniciativa para ofrecer nuestra colaboración con el fin de aumentar el alcance de su labor y la difusión del talento creativo e investigador en torno a la obra de Cervantes, haciéndola accesible de manera más global.

Es justamente esta dimensión global de E2IN2 y de su proyecto Civie el hecho que justifica el patrocinio de parte de la edición de los ejemplares de la colección «El *Quijote* y sus interpretaciones». Apoyar el talento creativo, académico y emprendedor está en nuestro ADN y es por ello por lo que E2IN2 desea contribuir a que el conocimiento del *Ingenioso hidalgo* y de su autor, así como las interpretaciones que se han hecho por parte de múltiples autoras y autores —y, por ende, esta colección—, pueda ser accesible a quienes deseen conocerla y profundizar desde países lejanos. Para llevar nuestra colaboración a la práctica haremos esfuerzos para hacerla llegar a diferentes bibliotecas e instituciones.

Con esta iniciativa de patrocinio, E2IN2 desea contribuir a la difusión del conocimiento sobre la mejor novela de todos los tiempos y a la excelente tarea que lleva a cabo el Grupo de Estudios Cervantinos de la Universidad de Oviedo, además de, por supuesto, a la difusión de nuestra lengua.

Espero que disfruten de esta colección tanto como he disfrutado cada vez que me he acercado a la lectura del *Quijote*.

VALENTÍN E. DE TORRES-SOLANOT DEL PINO

INTRODUCCIÓN

De arte y vida[1]

Wilhelm Kienzl nace el 17 de enero de 1857 en Waizenkirchen, un pequeño y pintoresco pueblo del norte de Austria.[2] Deja, sin embargo, muy pronto su pueblo natal (aunque regresará a él en muchas ocasiones, entre otras, para los homenajes que se celebran en su honor con motivo de su 70, 75 y 80 cumpleaños) y en Graz, Munich, Viena, Leipzig y Weimar recibirá una formación musical exquisita, entre otros, de Mortier de Fontaine, discípulo de Chopin, o de Franz Listz. Alrededor de este último y del que más tarde se convertiría en su yerno, Richard Wagner, se constituirá la *Nueva Escuela Alemana* con el objetivo de crear la música «del futuro» (Wagner 1983), que influenciará profundamente la obra de Kienzl.

El Romanticismo adopta la idea del *Volksgeist* de Herder y se interesa, así, por la existencia de rasgos individuales y singularizadores de la nación alemana, que se constituirá políticamente en 1871 con Otto von Bismarck como canciller. La

---

[1] En el volumen titulado *Aus Kunst und Leben* (*De arte y vida*) se reúnen distintos artículos de Kienzl sobre ópera, así como sobre recuerdos y vivencias personales, que han sido utilizados aquí como fuente bibliográfica para la reconstrucción de la biografía del compositor y de las claves que él mismo aporta para la interpretación de su propia obra. El título de Kienzl recuerda al de la autobiografía de Goethe, *Aus meinem Leben. Dichtung und Wahrheit* (*De mi vida. Poesía y verdad)*, al aludir este, en ambos casos, a la identificación entre arte y vida característica del Romanticismo.

[2] La presente edición se ha realizado en el marco del proyecto «Recreaciones teatrales del *Quijote*» (RETEQ) (MCI-20-PID2019-111485GB-I00), financiado por la Agencia Estatal de Investigación del Ministerio de Ciencia e Innovación.

creación de una cultura nacional resultaba indispensable para el éxito de la unificación y en este marco se sitúa la producción de Wagner, cuya obra (valgan como ejemplo la monumental tetralogía del anillo, *Tristán e Isolda* o el *Parsifal*) recupera la mitología germana como expresión de su grandeza. Kienzl sitúa la identidad austríaca en el marco de esta tradición y por ello coronará a su admirado don Quijote con el *Pickelhaube*, esto es, el casco del ejército prusiano con el que aparecía Otto von Bismarck en uno de sus retratos más populares.

Fuertemente influenciado por Wagner, Kienzl estrena gran parte de sus óperas en los tiempos del Imperio austrohúngaro (*Urvasi*, 1884; *Heilmar der Narr*, 1891, *Der Evangelimann*, 1894; *Don Quixote*, 1897; *In Knecht Ruprechts Werkstatt*, 1907; *Der Kuhreigen*, 1911). La ocupación de Bosnia Herzegovina por Austria-Hungría en 1878 tendría, sin embargo, consecuencias trágicas a comienzos del siglo siguiente, pues el asesinato del heredero al trono austrohúngaro a manos de un joven bosnio independentista desencadenará, como sabemos, la I Guerra Mundial. En estos tiempos convulsos, Kienzl compone *Das Testament* (1916), comedia musical basada en una historia del poeta austríaco Peter Rosegger, a quien le une una estrecha amistad. Cuando al finalizar la guerra se constituye la I República de Austria (1919-1934), esta pide la anexión a Alemania pero los aliados lo prohíben. La germanofilia austríaca quedará patente sin embargo en el himno nacional (*Deutschösterreich, Du herrliches Land* / *Austria alemana, Tú, maravillosa tierra*) que su primer canciller, el socialdemócrata Karl Renner, encarga componer a Wilhelm Kienzl:

> Como los vigorosos y nobles, por no decir folclóricos versos, se alejan de toda política de partido y solo hablan del amor a la patria, acepté la oferta de Renner y cargué sobre mis hombros la difícil responsabilidad, que se me presentó involuntariamente por la evolución histórica resultado de las circunstancias, de reemplazar la melodía de Haydn,

enraizada en lo más profundo del corazón de todo austríaco, inalcanzable e inmortal en su sublime popularidad (citado por Schmiedl 2017: 126).

Después seguirá estrenando óperas (*Hassan der Schwärmer*, 1921; *Sanctissimum*, 1922; y *Hans Kipfel*, 1926), aunque estas serán menos recordadas que su *Evangelimann, Der Kuhreigen* o *Das Testament*. Estas gozaron de un favor del público (*Österreichisches Biographisches Lexikon* 1965: 326) que, tal y como lamenta el compositor, no obtendría su *Don Quijote*.

El *Quijote* en Alemania

La interpretación de la obra cervantina como sátira de la novela de caballerías se había extendido, ya en el XVII francés, a la nación española y así llegaría también a la escena alemana, trascendiendo su ámbito originario y alcanzando dimensiones plenamente actuales en el enfrentamiento entre catolicismo y protestantismo (Rivero 2012: 129). El *Quijote* se lee, desde esta perspectiva, como sátira de una España anclada en el pasado medieval frente a una Europa protestante y moderna. Heredera de esta interpretación, la Ilustración temprana alemana atribuirá a la obra una intencionalidad fundamentalmente didáctica; verá en don Quijote un contraejemplo y en la obra una advertencia de los peligros que entrañan los excesos de la imaginación.

A partir del segundo tercio del siglo XVIII, sin embargo, la interpretación de la obra en Alemania dará un giro de ciento ochenta grados de la mano de Johann Jacob Bodmer, uno de los representantes fundamentales de la corriente de reacción al racionalismo que surge al calor de la filosofía de Baumgarten. Este defenderá, en una enraizada polémica con el también ilustrado Johann Christoph Gottsched, la presencia de lo maravilloso y del sentimiento en la literatura. Por primera vez, se restará importancia al componente satírico de la obra para presentar a don Quijote como mito moderno y representación del conflicto, inherente al género humano, entre lo real y lo ideal.

La individualidad de don Quijote, antaño condenada, pasa a ser ahora admirada. Siguiendo la estela de Bodmer, Gerstenberg subrayará el carácter tragicómico de la obra cervantina; en ella lo caricaturesco se mezcla con lo serio, con una huella de gran sentimiento que aparece como fruto de la actividad del genio (Gerstenberg 1767: 457-458). De este modo, don Quijote deja de ser antihéroe para convertirse en héroe. Abbt definiría a don Quijote como héroe novelesco frente al héroe épico de Homero (1761: 327-364) por el conflicto que experimenta, tal y como afirma también Blanckenburg en su *Tratado sobre la novela*, entre razón y pasión (1774: 47-48).

La irrupción del sentimiento con la *Empfindsamkeit* en el XVIII alemán da origen, en definitiva, a una interpretación que ya no ve en el *Quijote* una sátira de la nación española sino una representación de la grandeza del alma española. Esta interpretación, que reconoce el carácter noble y a la vez ridículo del héroe y que considera un genio a su autor, al que instituye como clásico entre los modernos del mismo modo que Homero lo era de los antiguos, será la que herede el Romanticismo alemán.

Las traducciones del *Quijote* que desde el siglo XVII se fueron sucediendo en Alemania dan buena cuenta de esta evolución interpretativa. La traducción de Ludwig Tieck, de 1799, de signo completamente romántico, continúa siendo la traducción elegida por algunas editoriales en la actualidad, lo que da buena cuenta del alcance del poder transformador que el Romanticismo ejerció en la interpretación de la obra.

El *Quijote* en la música alemana

Parece, sin embargo, que Kienzl leyó el *Quijote* en la edición de Ludwig Braunfels (1883), decisiva junto a la de Tieck para la recepción de la obra en Alemania (Strosetzki 2005: 315), como demuestran tanto sus numerosas reediciones como que también siga editándose a día de hoy (Valero 2007: 139-150). Kienzl habla del *Quijote* como una obra no solo ampliamente difundida sino muy tratada ya en los estudios sobre literatura española en Alemania (Kienzl 1904: 62). Para cuando Kienzl dedica su ópera a don Quijote (1897), la interpretación romántica de la obra cervantina está entonces absolutamente consolidada en el ámbito de la literatura pero aún no en el de la música.

Las adaptaciones musicales anteriores se centran solo en episodios concretos y resaltan la faceta cómica de la obra (Weber 2007: 187-208). Para Kienzl, en efecto,

> el *Quijote* se ha adaptado muy a menudo y en todo tiempo a la escena pero solo como pieza cómica (farsa, opereta o ballet), nunca de forma seria, como correspondería a la una vez idea original, y además de forma fragmentaria con el uso de episodios individuales y efectistas. Ambas cosas me parecen indignas del original y una denigración de la materia (Kienzl 1904: 63).

A pesar de que su representación no obtiene todo el éxito que esperaba, siempre la sentirá como una obra maestra no comprendida, sintiéndose apoyado por los elogios de Wagner y Goethe, que consideran su adaptación mucho más adecuada que las cómicas ya existentes (Sittner 1953: 230).[3]

Kienzl no desea alejarse del todo, sin embargo, de la *intentio auctoris* y traslada la sátira de la novela de caballerías presente en la novela cervantina a un género más actual: el *grand opéra* (Kienzl 1904: 69), un subgénero de la ópera francesa, en auge durante el segundo tercio del siglo XIX. *Le grand opéra* tuvo en Giacomo Meyerbeer a uno de sus principales representantes. Este contribuyó a consolidar el género tanto en Francia como en Alemania,

---

[3] En el volumen citado Sittner edita fragmentos seleccionados de los diarios de Kienzl (*Meine Lebenswanderung*, que completa con la biografía de los últimos 17 años del compositor), así como la correspondencia entre Rosegger y Kienzl.

ganándose así la admiración de Wagner, que se refiere a él como el salvador alemán de un género que en Francia se encontraba ya en decadencia. Meyerbeer impulsará la carrera de Wagner pero este, finalmente, le volverá la espalda. El discípulo de Wagner, Theodor Ulig, atacó *Die Hugenotten* (1836) y *Der Prophet* (1849) de Meyerbeer en la *Neue Zeitschrift für Musik* el 23 de julio de 1850 como «Judenmusik», con un artículo que precedió al panfleto de Wagner «El judaísmo en la música», el 3 de septiembre de ese mismo año, en el que, aludiendo implícitamente al exitoso Meyerbeer, acusaba a los músicos judíos de comercializar el arte y de profanar, de este modo, su pureza. Para cuando Kienzl escribe su *Don Quixote* el *grand ópera* ha caído ya en desuso (Kienzl 1904: 68) pero lamentablemente no el antisemitismo al que su crítica quedó vinculada en Alemania. El historiador y político Heinrich von Treitschke escribía en 1879 sobre el peligro que los judíos representaban para la nación alemana (1879: 559-576), en una línea que después continuaría el nacionalsocialismo. Utga-ard afirma que Kienzl apoyó abiertamente en 1933 el régimen de Hitler en Alemania (2003: 39), mientras Sittner, basándose en sus diarios y en su correspondencia con Rosegger, lo describe, más bien, como un compositor alejado de la vida política, que muestra en sus diarios inquietud a causa del golpe de julio de 1934, perpetrado por los nacionalsocialistas austríacos (Sittner 1953: 268). Tras el fracaso del golpe y una vez restablecida la estabilidad política, Kienzl vuelve a su productividad usual, que volverá a resentirse a partir de 1937 mientras observa, con preocupación, el desarrollo de los acontecimientos en Europa. Tras la anexión nazi de Austria en 1938, Kienzl lamenta la detención de amigos sospechosos de separatismo, así como el hecho de que sus óperas caigan en el olvido tanto en el *Ostmark* (antaño, dice, su querida Austria)[4] como en Alemania (Sittner 1953: 270) antes de morir en 1941 en Viena.

---

[4] *Ostmark* es el nombre que los nacionalsocialistas dieron a Austria tras la anexión.

Kienzl, admirador de Cervantes

Kienzl comienza a componer su *Don Quijote* el 2 de febrero de 1897 y lo termina el 9 de octubre de ese mismo año. Se estrena por primera vez el 18 de noviembre de 1898 en la Ópera Real de Berlín con una representación y unos escenarios fastuosos, con motivo del 350 centenario del nacimiento de Cervantes.

La adaptación de Kienzl parte de una profunda admiración por Cervantes y su *opera magna*. En sus reflexiones sobre la tragicomedia musical previas a su estreno en Berlín en noviembre de 1898 Kienzl se pronuncia en estos términos sobre el *Quijote*:

> Considero —por decirlo pronto— la idea del *Quijote* del gran Miguel de Cervantes una de las expresiones más significativas del espíritu humano y la sitúo sin duda a la altura de la problemática de un Hamlet, de un Fausto (Kienzl, 1904: 62).

El principal mérito de la obra cervantina resulta, para Kienzl, de su personaje principal, don Quijote, al ser este reflejo de un conflicto humano de carácter universal, algo que para los románticos solo lograrán, además de Cervantes, Shakespeare y Goethe. El Romanticismo los considerará fundadores de una mitología moderna, estrechamente asociada a una nueva concepción del hombre, por lo que ocuparán un lugar privilegiado en el nuevo canon.

La obra procede de un estudio exhaustivo de la novela, de la que Kienzl va extrayendo fragmentos fundamentales para hilarlos en una trama que le exige nuevos impulsos dramáticos (Sittner 1953: 229).

El *Quijote* como tragicomedia

Si bien el *libretto* busca ser fiel al original, Esquival-Heinemann exagera cuando afirma que es casi una copia exacta del mismo, con la única diferencia de estar escrita en diálogos (2007: 257).

Por lo pronto, el autor traslada la acción a escenarios característicamente románticos: noches oscuras a la luz de la luna (I, 3), tormentas (II, 5/6) o tétricas atmósferas vespertinas (III, 1). El primer acto, con 11 escenas en total, comienza en el salón de don Quijote sumido en un «romántico caos» (I, 1); en el segundo, compuesto por siete escenas, la imaginación de Sancho lo lleva al «hervidero infernal» (II, 5) de la noche de Walpurgis; el tercero, que consta de 8 escenas, tiene lugar en la carretera de Zaragoza en una «tétrica atmósfera vespertina, romántica y solitaria» (III,1), como ya hemos mencionado.

Como en toda adaptación existe, además, una selección de episodios también de signo romántico. Kienzl relega, así, a un segundo plano capítulos como el de los molinos de viento (mencionados de pasada en el cambio de escenario al final de la escena segunda del primer acto) para privilegiar aquellos en los que lo real es encarnado por un personaje más que por un objeto. Esto le permite crear un contraste entre don Quijote y todos aquellos personajes que, viendo en él un bufón, se burlan de él despiadadamente (Kienzl 1904: 66). Este contraste se hace patente desde la misma entrada de don Quijote en el primer acto, acentuándose en las acotaciones su porte distinguido y su individualidad frente a los personajes en escena que solo ven en él un objeto de mofa. Buscando representar ese mismo contraste modifica también capítulos como el de la princesa Micomicona, que en la adaptación de Kienzl no es Dorotea con la intención de hacer que don Quijote regrese a su hogar, sino la duquesa, que se burla cruelmente de la locura del caballero.

En un estadio intermedio se encuentran los personajes compasivos. La sobrina, a la que Kienzl llama Mercedes en lugar de Antonia, actúa de principio a fin guiada por la preocupación y el cariño hacia su tío, mientras Carrasco, que, además de en Caballero de la Blanca Luna, se desdoblará en otros personajes del original cervantino como el barbero o el caballero del Verde Gabán, pasa de situarse en el primer acto del lado de los despiadados burladores a terminar sintiendo también, gracias a la influencia de Mercedes y a la relación amorosa que Kienzl inventa entre ambos, compasión por el caballero. Kienzl también ubicará a Sancho dentro de este grupo de personajes que sufren una transformación, especificando que, aunque al principio acompaña al caballero por codicia, luego le es fiel hasta la muerte (Kienzl 1904: 67). El escudero de Kienzl experimenta lo que Madariaga designaba como una progresiva quijotización (Madariaga 2005:127)[5] aunque su don Quijote jamás llegará a sanchificarse. Don Quijote se mueve para Kienzl en una fina línea entre genio y locura y lo presenta siempre, sin ambages, como superior al resto de los personajes. De ahí que modifique el final de Cervantes, pues su don Quijote muere solo y con una altura moral inalcanzable para el resto (Kienzl 1904: 66-67). Kienzl dice modificar también el final del original cervantino con la intención de mostrar el conflicto entre los ideales del protagonista y la imposibilidad de renunciar a ellos mientras la cruel realidad le obliga a hacerlo (Kienzl 1904: 65). Con su escena final, en la que don Quijote quema los libros de caballerías en el mismo salón en el que comenzaban sus ensoñaciones en el primer acto, Kienzl busca convertir a don Quijote en la representación del idealismo activo hasta la autodestrucción y, con ello, en arquetipo del noble loco (Sittner 1953: 230).

Don Quijote será entonces el centro en torno al que giren todos los demás personajes, el eje trágico alrededor del que tiene lugar la acción burlesca. Kienzl estructura su adaptación a partir del conflicto característicamente romántico entre lo ideal y lo real, expresado en el contraste entre sueño y realidad con el que da comienzo la primera escena del primer acto, y entre individuo y sociedad, plasmado en la oposición entre la superioridad los ideales de don Quijote (Sittner 1953: 230) y el carácter egoísta y despiadado de sus burladores. De Mercedes, Carrasco y Sancho se servirá, en cambio, para despertar la más

---

[5] Esta tesis, sin embargo, ha sido puesta en cuestionamiento por Williamson (2014: 104-121).

profunda compasión por el héroe en el último acto (Kienzl 1904: 69). El primero y el segundo tendrán, así, el carácter de farsa, mostrándose en aquel la falta de compasión del pueblo llano; en este, la falta de compasión de la aristocracia. Su burla es, así, distinta en la forma pero similar en el contenido (Sittner 1953: 231). La compasión de Mercedes, Sansón Carrasco y Sancho, convierten el tercer acto, sin embargo, en serio y trágico (Kienzl 1904: 69).

Los dos primeros actos funcionan, entonces, como una especie de preludio del tercero (Sittner 1953: 231). La farsa del primer y segundo acto servirá para poner de relieve el carácter romántico e idealista de don Quijote, comenzando la tragicomedia, en realidad, solo en el tercer acto. Kienzl busca, así, divertir y conmover al espectador al mismo tiempo (Kienzl 1904: 65), adoptando la estructura del original cervantino, si esta se entiende, tal y como hace Williamson, a partir de una evolución entre una primera parte satírica y una segunda, tragicómica, en la que se muestra, frente a la anterior, el *pathos* inherente a la manía caballeresca del protagonista (Williamson 2014: 120).

Kienzl cierra, así, su tragicomedia (Kienzl 1904: 64) estructurada en torno a la figura de don Quijote

> como punto fijo en torno a la que las demás figuras giran como un torbellino; como el eje trágico de una genial locura en una acción que se desarrolla de forma burlesca. Y esto me parece lo completamente nuevo y por ello también en cierta medida arriesgado de mi empresa […] En la adaptación dramática he buscado llevar a la escena el amoroso abrazo entre la tragedia más profunda y la burla más intensa… El principal foco de atención se dirige hacia la figura de don Quijote como centro de la acción. Quien lo represente no puede ser suficientemente serio y patético; solo a partir de los abruptos contrastes en los que se sitúa respecto a su entorno puede comprenderse la acción en toda su complejidad. Cada movimiento, cada gesto de don Quijote debe estar lleno de

majestuosidad, dignidad y caballerosidad y parecer que procede de la santa convicción de una gran misión que ha de llevar a cabo. Como todo lo que tiene a su alrededor se lo toma en serio, ninguna de sus miradas o encuentros debe dar la impresión de que capta ni en lo más mínimo las despiadadas bromas de las que su persona es objeto. Su figura debe aparecer, por un lado, tan extravagantemente ideal como, por otro lado, desprovista de humor (Kienzl 1904: 64-65).

Kienzl proyecta, con ello, en su adaptación del *Quijote* los principios del humor romántico frente a lo satírico, que es relegado a un papel secundario (Kienzl 1904: 68). El Romanticismo alemán cuenta para ello con una tradición teórica que se remonta al segundo tercio del siglo XVIII. Ya en 1761 Möser señala que lo cómico siempre es el resultado de un contraste entre un elemento cómico y un elemento trágico del que resulta una risa ambigua. Lo cómico, insiste Abbt (1761: 328), siempre conlleva una cierta dosis de seriedad. El humor pasa a concebirse, así, tal y como afirma Blanckenburg (1774: 203-204), como una fusión de lo trágico y lo cómico que podemos denominar ya *ironía romántica*, pues su principal característica no es otra que la confluencia de opuestos como la locura y la cordura, lo serio y lo burlesco (Strosetzki 1997: 245).

Mientras la burla asociada a la sátira llevaba a la creación de personajes planos y ridículos en los que se condenaba, a través de la humillación, su individualismo excéntrico con el objetivo de consolidar el orden social del espectador, lo cómico, por el contrario, sustituye la humillación por la benevolencia y lleva a la creación de personajes complejos que suscitan simpatía y admiración, con el objetivo de mover tanto el entendimiento como el corazón del espectador (Rivero 2011: 365-366).

Recepción

Será precisamente esta concepción tragicómica de la obra la que, para Kienzl, complicará su recepción, pues el público, nos dice, quiere reír o llorar pero no las dos cosas a la vez (Sittner 1953: 236). Aunque se muestra más que satisfecho con la representación en escena tanto de lo sublime como de lo ridículo, lo cierto es que la obra no obtiene buenas críticas de la prensa berlinesa y Kienzl se sentirá, por ello, profundamente incomprendido (Sittner 1953: 237). En la revista *Die Zukunft* se burlan del compositor, aludiendo a él como «don Kienzl», una identificación entre autor y protagonista a la que no deja de aludir el propio autor: «¡Yo mismo fui un don Quijote, un loco!» (Sittner 1953: 238).

A pesar de que su *Don Quijote* no goza de la recepción esperada, Kienzl la siente como una obra maestra. Para plasmar la perspectiva tragicómica desde la que interpreta el original cervantino, el compositor austríaco acude a la obra de arte total wagneriana, rechazando la absolutización de la música en detrimento de las otras artes. Al igual que Wagner, Kienzl dará mucha importancia al texto y concebirá sus óperas como poemas sinfónicos. Esto le permitirá llevar a escena la polifonía y multiperspectivismo de la obra cervantina. Kienzl se servirá de la música para representar la esencia ideal del héroe mientras en la escena el espectador ve, guiado por las palabras, lo ridículo de su comportamiento exterior (Kienzl 1904: 71). La voz narrativa presente en las profusas acotaciones subrayará la dignidad de don Quijote frente a las figuras dramáticas que se burlan cruelmente de él.

Kienzl otorgará, así, una enorme importancia a la palabra, logrando en sus dos obras principales, el *Evangelimann* (*El Evangelista*), la más conocida, y el *Quijote*, la estéticamente más perfecta, un equilibrio entre poesía y música superior al de Wagner (Morold 1905: 469-470). Una pena, lamenta su amigo Rosegger con Richard Strauss, que el mundo no comprendiera la importancia de Kienzl para la ópera alemana (Sittner 1953: 272).

Bibliografía citada

Abbt, Thomas, «Möser, J. Harlekin oder die Verthedigung des Gro-teske-Komischen», *Briefe, die neueste Literatur betreffend*, 12 (1761), pp. 327-364.

Blanckenburg, Friedrich von, *Versuch über den Roman*, bei David Sie-gerts Witwe, Leipzig, 1774.

Cervantes, Miguel de, *Quijote*, ed. F. Rico, Crítica, Barcelona, 1998.

Esquival-Heinemann, Barbara P., «Don Quixote in der deutschspra-chigen Oper», en *Europäische Dimensionen des Don Quixote in Literatur, Kunst, Film und Musik*, ed. T. Altenberg y K. Meyer-Min-nemann, Hamburg University Press, Hamburg, 2007, pp. 235-261.

Gerstenberg, Heinrich Wilhelm von, *Briefe über Merkwürdigkeiten der Literatur*, Joachim Friedrich Hansen, Leipzig, 1767.

Kienzl, Wilhelm, *Aus Kunst und Leben*, Allgemeiner Verein für Deutsche Literatur, Berlin, 1904.

—, *Meine Lebenswanderung. Erlebtes und Erschautes*, Engelhorns Nachfolger in Stuttgart, 1926.

Madariaga, Salvador de, *Guía del lector del Quijote: ensayo psicológico sobre el «Quijote»*, Espasa-Calpe, Madrid, 2005.

Möser, Justus, *Justus Mösers Sämtliche Werke*, Nicolaischen Buchhand-lung, Berlin, 1843.

Morold, Max, «Wilhelm Kienzl und sein Don Quixote», *Neue Zeitschrift für Musik*, 22/23 (1905), pp. 469-470.

Österreichisches Biographisches Lexikon 1815-1950, vol. 3, Verlag der Öste-rreichischen Akademie der Wissenschaften, Wien, 1965.

Rivero Iglesias, Carmen, *La recepción e interpretación del «Quijote»*, Diputación Provincial, Ciudad Real, 2011.

—, «El inicio de la recepción cervantina en Alemania: las primeras adaptaciones teatrales del *Quijote*», *Anales cervantinos*, 44 (2012), pp. 121-132.

Schmidl, Stefan, «Anmerkungen zu Österreichs republikanischen Hym-nen», en *Salzburgs Hymnen von 1816 bis heute*, ed. T. Hochradner y J. Lienbacher, LIT, Wien, 2017, pp. 125-134.

Sittner, Hans (ed.), *Kienzl-Rosegger*, Amalthea, Zürich, 1953.

Strosetzki, Christoph, «Alemania», en *Gran enciclopedia cervantina*, tomo I, ed. C. Alvar, Castalia, Madrid, 2005, pp. 304-322.

—, «Ludwig Tieck und das Spanien Interesse der deutschen Romantik», en *Literaturprogramm und Lebensinszenierung im Kontext seiner Zeit*, ed. W. Schmitz, Niemeyer, Tübingen, 1997, pp. 235-252.

Treitschke, Heinrich von, «Unsere Aussichten», *Preußische Jahrbücher*, 44 (1879), pp. 559-576.

Utgaard, Peter, *Remembering and Forgetting Nazism: Education, National Identity and the Victim Myth in Post-War Austria*, Berghahn, New York-Oxford, 2003.

Valero Cuadra, Pino (2007), «Traducciones alemanas del *Quijote* (1997-2007): notas para una traducción del siglo xx», en *España en Europa: la recepción del «Quijote»*, ed. F. Domínguez Navarro y M. Á. Vega Cernuda, Universidad de Alicante, Alicante, pp. 139-150.

Wagner, Richard, *Das Kunstwerk der Zukunft*, Insel Verlag, Frankfurt am Main, 1983.

Weber, Eckhardt, «La vida se convierte en muerte, la muerte se convierte en vida… Facetas de una escapatoria trágica en la ópera *Don Quixote* (Berlín, 1898), de Wilhelm Kienzl», en *Cervantes y el Quijote en la música. Estudios sobre la recepción de un mito*, ed. B. Lolo, Centro de Estudios Cervantinos, Madrid, 2007, pp. 187-208.

Williamson, Edwin, «De un mundo al revés a un mundo nuevo: la prolongación de la segunda parte del *Quijote* y sus consecuencias», en *Comentarios a Cervantes: Actas selectas del VIII Congreso Internacional de la Asociación de Cervantistas*, ed. E. Martínez Mata y M. Fernández Ferreiro, Fundación María Cristina Masaveu Peterson, Madrid, 2014, pp. 104-121.

Nota editorial

El presente texto, del que existen ya traducciones tanto al inglés como al francés, se ofrece, sin embargo, en las páginas que siguen por primera vez en lengua española. Para la traducción hemos utilizado como base la edición príncipe publicada en 1897 en Berlín por la editorial Bote & G. Bock.

En consonancia con la mezcla de géneros característica del Romanticismo, la obra fusiona poesía, prosa y drama. La estructura dramática se ve acompañada de profusas acotaciones en las que una voz narrativa sitúa acción y personajes en espacios de marcado sabor romántico. Para los parlamentos de los personajes, Kienzl se sirve de distintas formas estróficas dependiendo del personaje y de la situación dramática, elevando la polimetría a la máxima expresión. En la traducción se ha debido renunciar, sin embargo, a la rima presente en el original alemán para que el sentido del texto no se viera distorsionado ni con él su interpretación, foco de interés primordial de esta colección.

Don Quijote

OP. 50

Una tragicomedia musical en tres actos

*Al espíritu del gran Cervantes
con motivo del 350 aniversario
del escritor, nacido el 9 de octubre
de 1547 en Alcalá de Henares.*
EL AUTOR

Personajes

EL DUQUE, tenor

LA DUQUESA, soprano

DON CLAVIJO, mayordomo del duque, bajo

ALONSO QUIJANO, un viejo hidalgo llamado
«don Quijote de la Mancha», barítono

MERCEDES, su sobrina, mezzosoprano

SANCHO PANZA, un campesino, tenor buffo

CARRASCO, barbero, barítono

TIRANTE, un ventero, bajo buffo

MARITORNES, su hija, camarera, soprano

ALDONZA, camarera, contralto

UN MENSAJERO, bajo

UN AYUDANTE DE COCINA, soprano

FRASQUITA, sirvienta de la duquesa, soprano

ROSITA, sirvienta de la duquesa, soprano

MARIETA, sirvienta de la duquesa, contralto

JUANITA, sirvienta de la duquesa, contralto

*Caballeros, damas de compañía, jóvenes nobles,
sirvientes, pajes y sirvientes del duque, bailarines,
bailarinas, huéspedes de la venta, campesinos
y campesinas, figuras oníricas.*

Tiempo: siglo XVI

Lugar: la Mancha (España)

El primer acto tiene lugar en el salón de DON QUIJOTE
y en la venta de TIRANTE, *el segundo en el castillo*
del DUQUE *y el tercero en la carretera hacia Zaragoza,*
así como en el salón de DON QUIJOTE.

ACTO I

INTRODUCCIÓN

ESCENA 1

Salón de DON QUIJOTE. *Al fondo a la derecha, en la pared, se
encuentra una biblioteca que contiene libros de caballerías. Sobre
ella hay también animales disecados (un búho, un buitre, una
ardilla). Al lado, una chimenea abierta. Delante a la derecha,
una ventana. Al fondo, una puerta que conduce al exterior. Sobre
ella, colmillos de jabalí. Igualmente, a la izquierda, una puerta
que conduce al dormitorio. En él (especialmente en la pared
del fondo a la izquierda de la puerta y en la pared izquierda de
delante) hay, dispuestas en romántico caos, tanto armaduras
oxidadas y pedazos de ellas como armas en un estante reservado
para ellas; también hay prendas de ropa y utensilios. Cuadros
de famosos caballeros y duelos caballerescos y un pequeño reloj
dan vida a la pared. En la pared del fondo a la derecha de la
puerta se ha colocado el cuadro de un caballero. A la izquierda,
delante, una mesa redonda de tamaño medio sobre la que se
encuentran algunos libros grandes y una lámpara con la pan-
talla encendida. Al lado está sentado* DON QUIJOTE *en un sillón
grande de cuero, vestido con un jubón (cincuenta años, muy flaco,
pero de complexión fuerte y postura erguida; debe mostrarse
su marcado carácter soñador). Se ha dormido mientras estaba
leyendo y sujeta un libro en la mano izquierda, que cuelga. Gime,
suspira, ríe, dependiendo del carácter del sueño, acompañado en
sus distintas fases por música en consonancia. En la pared del*

fondo aparece de repente una imagen onírica, que representa a
DON QUIJOTE *en lucha con un caballero. No es una imagen fija.*
Los luchadores se mueven.

DON QUIJOTE
  (Hablando en sueños hasta la segunda escena).
  ¡Miserable, te arrepentirás!

En actitud de lucha agita el brazo derecho en el aire. La imagen
desaparece.

  ¡Ríndase de inmediato, don Fernando!
  ¡Escuchad, os llamo a jueces,
  oh, tú, valiente Cirongilio, intrépido Felixmarte,
  invencible don Reinaldos,
  galante Rodamonte,
  tantas veces combatido Belianís![6]

Una segunda imagen onírica se hace visible al fondo. Muestra
a los caballeros de la Tabla Redonda con el rey Arturo en el
centro. La imagen se difumina progresivamente. DON QUIJOTE
susurra dulcemente.

  ¿Se me permite, por fin, mostrarme ante Ti,
  la más encantadora de las mujeres?
  Solo ante Ti presento de rodillas
  todas mis luchas, todas mis penitencias.

---

[6] Todos ellos son personajes de novelas de caballerías mencionados en el
  Quijote. El *Cirongilio*, de Bernardo Pérez de Vargas y el *Felixmarte*, de
  Melchor Ortega son las dos novelas que el cura dice querer quemar en
  la venta de Juan Palomeque el Zurdo por ser mentirosos y estar llenos
  de disparates (*Quijote*, I, 32). Todos ellos son defendidos, a su vez, por
  don Quijote, durante la visita en la que el cura y el barbero constatan
  que la manía caballeresca del protagonista no ha remitido (II, 1).

DON QUIJOTE alterado.

> ¡Ah, tan solo una cosa deseo con ardor,
> recibir los laureles de tu mano!

Una tercera imagen onírica aparece en la pared del fondo: Dulcinea del Toboso, que coloca a DON QUIJOTE, *arrodillado ante ella, el laurel en la frente. Grupo estático.*

> ¡Oh Dulcinea, Dulcinea!

La imagen desaparece. El reloj da las seis.

ESCENA 2

MERCEDES entra rápidamente por la puerta de atrás, abre la ventana, que deja pasar los primeros rayos de sol de la mañana sobre DON QUIJOTE *aún dormido, lo mira con sorpresa y apaga la lámpara. Lo sacude.*

MERCEDES
> ¡Despertad, despertad, mi buen tío!
> Acaban de dar las seis.
> El sol brilla ante vuestras narices.
> Habéis olvidado acostaros,
> y pasado la larga, larga noche sobre el sillón.
> *(Lo sacude de nuevo).*

DON QUIJOTE
> *(Despierto, se frota los ojos, perdido en sus sueños).*
> ¿Qué pasa? ¿Qué hay? ¿Dónde estoy?
> ¿Dónde está Fernando, que me estaba atacando?
> ¿Y dónde mi caballo? ¡Voy con retraso!
> *(Se levanta rápidamente).*
> ¡Haz que ensillen a Rocinante de inmediato!

¿Qué haces todavía ahí, mirándome pasmada?
¡Ansío grandes hechos, hechos!
¿Oyes? Date prisa y ve a por mi casco y mi lanza,
También a por la coraza que está ahí sin usar en una esquina.
Estoy cansado de esta vida ociosa.
Hoy mismo abandonaré la casa y la granja.

MERCEDES
¡Oh, mi querido tío!
(Mientras él mismo toma coraza, lanza y escudo).
¿Qué os ocurre?
¡Pensad que no sois un caballero!

DON QUIJOTE
¿Que yo no soy un caballero?
¿Quién lo sería entonces?
(En éxtasis frenético).
Estoy destinado a la grandeza.
(Se arrodilla y mantiene la misma pose extasiada mientras
dirige la mirada a lo alto).
¡Oh, Dulcinea del Toboso, noble dueña,
patrona de mi condición de caballero,
concede tu Gracia a estas armas!
(DON QUIJOTE se pone una vieja armadura carcomida
por el polvo y el óxido y coge un casco de la estantería,
que remienda con cartón).[7]

MERCEDES
(Para sí).
No hay ya duda alguna: está loco;
la manía caballeresca se ha apoderado de él.

---

[7] En el original alemán se especifica que el casco se trata de un *Pickelhaube*, creado en 1842 para el ejército prusiano, y adoptado también en otros estados de la Confederación germánica, como Austria.

(Con angustia inocente).
¡Ayuda, santa Apolonia,
Tú que llegas ahí donde la fuerza humana fracasa,
(ardiente)
aunque normalmente solo cures dolores de muelas
(llorosa)
salva la razón de mi amo!

DON QUIJOTE
(Que limpia con ímpetu el casco, mirándola).
¿Aún sigues ahí?
¡Arriba, date prisa
y haz que me ensillen a Rocinante!

MERCEDES, *atemorizada, parte presurosa.* DON QUIJOTE *se pone el casco y se coloca en pose caballeresca. Se apresura decidido hacia la puerta. Una cortina se cierra rápidamente. La música que sigue representa la fantástica salida a caballo de* DON QUIJOTE.

CAMBIO DE ESCENARIO

Una taberna abierta, cuyo tejado se sostiene sobre dos columnas entre las cuales se ve la carretera regional que por allí pasa y el entorno tras ella con varios molinos de viento. El fondo se cierra hasta un tercio a la izquierda por una construcción de madera no demasiado saliente con una puerta, detrás de la que se encuentra una escalera que conduce al tejado desde el que, a través de una escotilla, puede verse la taberna. A la izquierda una puerta conduce a la despensa y otra a la derecha, a los aposentos del ventero. Delante de la pared del fondo a la derecha, un aparador. En la escena, muchas mesas, bancos y sillas que están todas ocupadas solo por clientes masculinos a excepción de una mesa delante a la derecha, que está vacía. Delante de la construcción de madera, un reloj de mesa antiguo y grande. Son

aproximadamente las diez. En el exterior, noche iluminada por
la luz de la luna (a partir de la cuarta escena algunas partes del
firmamento serán oscurecidas por nubes negras).

ESCENA 3

Ambiente formidable y jovial entre los clientes, contentos tras
haber bebido vino. El ventero TIRANTE, su hija MARITORNES
y ALDONZA están sirviendo. La primera baila, sirviéndose de
unas castañuelas, al son de los clientes, que cantan. Uno de los
clientes rasguea también la guitarra.

CLIENTES
   En la posada de Tirante nos divertimos
   en la posada de Tirante se está muy bien.
   Más dulces saben sus uvas
   que el vino amargo de Diego.[8]

   En la posada de Tirante nos divertimos
   en la posada de Tirante se está muy bien.
   Esas gotas tienen un efecto mágico
   en el corazón y en el cerebro.
   Maritornes es encantadora,
   ¡una doncella apreciadísima!

   Con los chistes de Tirante
   pasa tan rápido el tiempo
   que uno desea pasar junto a él
   toda la eternidad.

---

[8] Vino extraído de la uva vijariega, cultivada desde finales del siglo XV en las islas Canarias, en Granada y en la región de la Mancha.

¡Que viva Tirante
y aún más su vino!⁹

Algunos bebedores, sentados en las sillas delante de la construc-
ción de madera se giran hacia la calle, en la que ya a lo lejos ven
a DON QUIJOTE, *que llega cabalgando sobre Rocinante, mientras*
este permanece todavía oculto, sin embargo, al ojo del espectador.

ALGUNOS / TENOR I
  Mirad, ¿quién viene por ahí renqueando?

ALGUNOS / BAJO II
  ¿Qué viene por ahí renqueando?

OTROS / TENOR II
  ¡Qué figura tan cómica!

UNO / BAJO II
  ¡Ja, ja, ja!

ALGUNOS / BAJO I
  (Acercándose a los otros).
  ¿Es un cuáquero?¹⁰

UNO / TENOR II
  ¿Un cuáquero?

OTRO / TENOR I
  ¿Un payaso?

---

⁹ En el original, cuartetas estructuradas en octosílabos con rima
consonante.

¹⁰ Los cuáqueros expresaban su entusiasmo religioso con temblores y
contorsiones, por lo que la confusión sirve aquí para reforzar el carácter cómico de la entrada de don Quijote.

UNO / BAJO II
(Adoptando una expresión cómica de horror).
¿O un isleño de una costa muy remota?

UNO / TENOR I
Un isleño, ¡eso está muy bien!

UNO / BAJO I
No, es un farmacéutico,
lleva, ¿no lo veis?,
un recipiente para las mezclas en la cabeza.

UNO / TENOR I
(Estallando en risas).
¡Un recipiente para mezclas!

VARIOS / ALGUNOS
¡Raro!
¡Extraño!

DON QUIJOTE *tiene una pose seria, tranquila, distinguida. Tiene un casco remendado, una armadura oxidada hecha trizas, un viejo escudo en partes hecho añicos. Su caballo Rocinante es un miserable y flaco jamelgo. Detiene al caballo. A un gesto de* TIRANTE, MARITORNES *y* ALDONZA *van a su encuentro y le ayudan a bajar.* ALDONZA *conduce al caballo a la parte trasera pero regresa pronto. Lo saludan con numerosas y sumisas reverencias después de que él se haya inclinado ante ellas a la manera caballeresca. Esta escena muda se desarrolla al fondo mientras delante, por el contrario, se escuchan las siguientes conversaciones.*

UNO / VARIOS
Sí, ahora detiene el caballo
y hace una parada,
¡no está mal!

CARRASCO
(Que está sentado en la mesa delante de la construcción de madera y mirando alrededor reconoce a DON QUIJOTE*).*
Es un buen loco, yo lo conozco.
Se llama don Alonso.

ALGUNOS
¿Don Alonso?

OTROS
¿De Quijano? ¿Don Alonso de Quijano?

CARRASCO
Don Quijote se llama a sí mismo
y se hace pasar por caballero andante.
La lectura de libros de caballerías
le ha dañado el cerebro.

TIRANTE
A ese lo quiero yo ver más de cerca…
¡Ja! Vamos a divertirnos a base de bien.

LOS CLIENTES
¡Bravo, bravo, amigo Tirante!
¡Pero antes ponnos una!

TIRANTE sirve a los clientes.
¡Viva Tirante
y aún más su vino!

DON QUIJOTE hace una entrada triunfal y es saludado por todos con exagerada educación. El posadero se arrodilla brevemente ante él.

DON QUIJOTE

(Rechazando con un distinguido movimiento de la mano la reverencia de TIRANTE).
¡Señor del castillo, oh, no!
No debéis arrodillaros ante mí.
¡Vos merecéis mi reverencia,
vos, noble don!

TIRANTE

(Imitando de forma cómica el altisonante tono de DON QUIJOTE).
Dar cobijo a tan ilustre huésped
será para mí un gran honor.

DON QUIJOTE

Soy el caballero don Quijote,
la estrella de la caballería.

INVITADOS PUNTUALES

(Inclinándose ante DON QUIJOTE).
¡Don Quijote! ¡Qué gran honor!

DON QUIJOTE

(Con gran pasión y semblante triunfal).
Deseo cabalgar por el mundo adelante
luchando por la razón y la justicia,
deseo auxiliar a los oprimidos,
¡corren malos tiempos para los idealistas!

Escabrosas sendas hay que escalar
camino de la inmortalidad,
nunca los que van hacia abajo
la encuentran en la eternidad.

Sobre los caballeros andantes hoy suenan
adornos brillantes, brocados y oro.
En lugar del sonido de sus corazas
prefieren el de las monedas.

Hoy la pereza vence al esfuerzo
y la arrogancia al valor;
a la virtud vence el vicio,
armas se ven pero no sangre.

LOS CLIENTES / TENORES I Y II
A la virtud vence el vicio,
armas se ven pero no sangre.

DON QUIJOTE
¡Ah, qué distinto era antes
cuando los caballeros dormían sobre sus caballos
envueltos en armas de pies a cabeza
y, con ello, engañaban al sueño;
cuando en costas sin orilla
llevaban a cabo hazañas
que deberían ser grabadas en metal
y no garabateadas en pergamino!
Así vivían los grandes caballeros
que hace ya mucho murieron:
don Gonzalo de Valencia, don Juan de Trafalgar,
Felixmarte de Hircania, don Belianís,
Esplandián, Cirongilio de Tracia,
Rodomonte y Roldán.
Sí, un caballero tiene una vida llena de aventuras
y cambiante,
hoy se alimenta de raíces
y mañana se da la gran vida.
Grandes honras dispensaban estos caballeros a las damas
que se acogían a su protección.

Defendían en su nombre
la virtud y la justicia.
Dulcinea del Toboso
es la más exquisita de las mujeres:
ella, la emperatriz de la Mancha,
puede confiarse a mí.
Debe un caballero andante
ser educado y servicial,
(se inclina ante las chicas)
de buenas costumbres y amable
y, sobre todo, lleno de compasión.
Y todo esto soy yo abundantemente;
nada se compara a mi fuerza.
Soy el caballero don Quijote,
la estrella de la caballería.[11]

TODOS LOS CLIENTES
¡Salve al caballero don Quijote,
salve a la estrella de la caballería!
Excelente, magnífico don Quijote,
¡qué fortuna veros aquí,
oh, qué fortuna veros aquí!
(Algunos coquetean con MARITORNES*)*.

TIRANTE
(A DON QUIJOTE*)*.
¿Os gustaría comer?

DON QUIJOTE
Agradecido sigo vuestra sugerencia.

---

[11] El parlamento de don Quijote, adaptación paródica del discurso de la Edad de Oro del original cervantino, se estructura en el original en una combinación de versos libres, así como en romances y cuartetas de rima consonante.

Maritornes lo conduce a la mesa que ha preparado para él y le sirve la comida con sumisas cortesías a las que DON QUIJOTE responde con buscada galantería. Entonces comienza a comer y beber con ganas pero se ve constantemente obstaculizado ya que la visera no para de bajársele sobre la cara y la babera de subírsele sobre la boca, por lo que todos se ríen disimuladamente.

CARRASCO
(Habla con mucha sorna pero casi susurrando a sus compañeros de mesa, que, con gesto serio y de mucho interés, se acercan juntando sus cabezas para escucharlo. Todo está dispuesto para que llegue a oídos de DON QUIJOTE; este reacciona visiblemente, poniéndose muy nervioso).
¿Habéis oído hablar de Mambrino,
el más inmenso de los gigantes,
que ha secuestrado
a la princesa Micomicona?
Solo un héroe puede liberarla
de los brazos del Cíclope.
Sin remedio estará perdida
si el héroe no la encuentra pronto.
¡Sin remedio!

VARIOS
(Siguiéndole el juego a CARRASCO).
¿Qué dices? ¿Micomicona?

OTROS
(Uniéndose).
¿Micomicona?
¡Una historia terrible, terrible!

ALGUNOS MÁS
¿Qué dices? ¿Micomicona?
Una historia terrible.

CARRASCO

(Estallando en risas se pone la mano delante de la boca).
Micomico…
(Sin que nadie se dé cuenta mueve la aguja del reloj a las doce, de manera que este empieza a sonar de nuevo; bosteza).
¡Ah! Es tarde. Quiero irme a dormir. ¿Venís también?

ALGUNOS

Sí; ya es hora.

CARRASCO se va con un grupo y olvida sobre la mesa la bacía de barbero, lo que debe verse con toda claridad.

¡Buenas noches, don Tirante!
Mañana estaremos aquí de nuevo.

UNO

Micomicona

TIRANTE

¡Buenas noches! ¡Hasta mañana!

Apaga todas las luces a excepción de las que iluminan la mesa de DON QUIJOTE. Las dos muchachas lo ayudan a recoger. Todos los clientes, salvo dos, han ido yéndose poco a poco.

UNO

(Al otro, con el que se va).
¡Es una historia terrible!

EL OTRO

(Yéndose con su acompañante, muy serio).
¡Como no aparezca pronto el héroe…!

EL PRIMERO
(Imitándolo).
¡Como no aparezca pronto el héroe…!

ESCENA 4

DON QUIJOTE
(Lanzándose de rodillas ante TIRANTE).
¡Oh, noble Señor!
No me levantaré
hasta que no me concedáis la merced
que os ruego,
que a vos os traerá gran fama
y fortuna al mundo entero.

TIRANTE
¡Pero levántese,
sublime don Quijote!

DON QUIJOTE
No, hasta que me hayáis oído.
(Enfática y atropelladamente).
¡Armadme caballero!

TIRANTE
(Para sí).
¡Ja, esto sí que es divertido!
Nos lo vamos a pasar bien.
(A DON QUIJOTE).
Con muchísimo gusto, ¡sí!

TIRANTE hace una seña a las muchachas para que se acerquen. Susurra a ambas unas palabras al oído ante las que estas casi no pueden reprimir la risa. DON QUIJOTE cambia de posición de

forma que queda arrodillado ahora frente al espectador. MARI-
TORNES *toma un libro bastante grande del aparador.* ALDONZA
*trae a uno de los pinches de cocina todo vestido de blanco. Viene
con un cirio encendido en la mano y se coloca con la cara muy
seria delante de* MARITORNES, *que se ha puesto a la derecha de*
TIRANTE, *de forma que el libro sujetado quede iluminado para
que este lea de él.* ALDONZA *se coloca a la izquierda de* TIRANTE,
que se ha puesto inmediatamente detrás de DON QUIJOTE. *Todo
ocurre muy rápido. Mientras van de aquí para allá las muchachas se ríen por lo bajo.*

MARITORNES
(Al oído de TIRANTE).
¡Aquí está el libro de cocina!

TIRANTE *sonríe. Todo está ceremoniosamente preparado. Tirante
extrae la espada de* DON QUIJOTE *de la vaina y la sujeta en alto.*

TIRANTE
(Leyendo en tono muy solemne).
¡Olla podrida, olla podrida, olla podrida!

MARITORNES / EL PINCHE DE COCINA / ALDONZA / TIRANTE
¡Olla podrida, olla podrida, etc.!

TIRANTE *le da a* DON QUIJOTE *un buen golpe en el cuello con
la mano izquierda.*

TIRANTE
(Ceremonioso).
¡Esto es el golpe en la nuca!

MARITORNES / EL PINCHE DE COCINA / ALDONZA
¡Esto es el golpe en la nuca!

TIRANTE
(Ceremonioso).
¡Esto es el golpe en el hombro!

MARITORNES / EL PINCHE DE COCINA / ALDONZA
¡Esto es el golpe en el hombro!

TIRANTE
(Murmurando).
Tortitas: dos huevos, dos cucharadas de harina,
leche y algo de sal se baten
y después se fríe la mezcla en aceite caliente a fuego alto
hasta que esté bien dorada.
(En voz alta).
¡Poneos en pie,
ya sois caballero!

DON QUIJOTE *se levanta.*

MARITORNES / EL PINCHE DE COCINA / ALDONZA
¡Que seáis afortunado como caballero
y que Dios os conceda la victoria en la lucha!

TIRANTE
¡Así sea!
¡Así sea!
Ahora pronunciad el juramento de los caballeros.

DON QUIJOTE
(Solemnemente serio).
Juro por los Evangelistas
donde escriben más extensamente

vivir como el marqués de Mantua
cuando vengó la muerte de su sobrino.[12]

En ceremoniosa procesión abandonan la escena por la derecha
TIRANTE, *con el libro bajo el brazo, las dos muchachas y el pin-*
che con la lucecita encendida. DON QUIJOTE *permanece de pie*
sumido en sus pensamientos, mirando muy serio a lo lejos hasta
que la procesión ha desaparecido.

ESCENA 5
LA VIGILIA DE ARMAS

DON QUIJOTE *desplaza un perchero de una esquina al centro*
de la escena, se quita el casco, lo pone en la parte más alta del
perchero, coloca una silla delante de este último, sobre la que
dispone la coraza de la que antes se había desecho. Añade des-
pués la espada y las grebas que estaban apartadas, creando una
bella visión de conjunto.

 DON QUIJOTE *camina solemnemente con lanza y escudo ha-*
ciendo un círculo amplio alrededor de las armas, con la mirada
siempre fija en ellas. La luna llena asoma detrás de las oscuras
nubes y las ilumina haciéndolas resplandecer.

ESCENA 6

MARITORNES
 (Que se ha colado disimuladamente por la puerta trasera,
 mirando a través de la escotilla).
 ¡Pst, pst!

---

[12] Al marqués de Mantua y a su sobrino Valdovinos se aludía paródi-
camente en el capítulo quinto de la primera parte del *Quijote* como
«historia sabida de los niños, no ignorada de los mozos, celebrada y
aun creída de los viejos, y con todo esto no más verdadera que los
milagros de Mahoma».

DON QUIJOTE parece no escuchar.

¿Qué hace ahora, el muy loco?
¡Pst, pst!

DON QUIJOTE
¿Quién está interrumpiéndome la vigilia de armas?

MARITORNES
(Acompañándose de una mandolina, fingiendo
cómicamente requebrar a DON QUIJOTE).
Soy yo, gran don Quijote,
un ardiente amor me trae hasta ti.
Pon fin a la tortura de mi deseo:
¡extiéndeme tu mano de héroe!

DON QUIJOTE
(Apasionado).
¿Eres tú, reina de la belleza,
(exaltadamente tierno)
incomparable Dulcinea,
culmen y flor del entendimiento
dechado de virtudes y bondad?
¿Eres tú?

MARITORNES
Dulcinea no soy,
pero, ¡ay!, sí una doncella
a quien el amor por ti consumirá
si no apagas la llama.

DON QUIJOTE se encarama con ímpetu a la mesa que se encuen-
tra debajo de la escotilla, sobre la que se ha quedado la bacía de
barbero; alcanza justo a poner su mano derecha sobre la de ella.

MARITORNES

> ¡Oh resplandeciente estrella dorada,
> cuyo claro brillo me purifica,
> si alguna vez tu luz desaparece,
> desaparecerá también mi vida.

DON QUIJOTE

> Ya, os comprendo, noble doncella
> que contemplo en lo alto.
> Ninguna estrella vio Palinuro
> que brillara tan bella y clara.

MARITORNES ata rápidamente la mano de DON QUIJOTE en un nudo, DON QUIJOTE se nota atado y quiere liberarse por la fuerza.

DON QUIJOTE

> ¡Ayuda! ¡Ayuda!
> *(Mientras sigue tratando de zafarse).*
> ¡Ladrones! ¡Asesinos! ¡Encantadores!

Tras repetidos intentos de DON QUIJOTE de soltarse, la mesa se vuelca y la bacía que se encontraba encima se cae al suelo. DON QUIJOTE queda colgado un instante en el aire. MARITORNES corta la cuerda y DON QUIJOTE se da un trompazo contra el suelo, quedando tendido sobre él.

DON QUIJOTE

> *(Con expresión profundamente herida).*
> Dulcinea, si supieras
> lo que tiene que soportar tu pobre caballero
> que se somete voluntariamente a peligros
> solo para servirte…
> *(Se sumerge en sí mismo).*

ESCENA 7

*Del camino llegan algunos campesinos que llevan al alba su
cosecha a la ciudad. Uno de ellos, SANCHO PANZA —baja es-
tatura, barriga, pies anchos, cara de ingenuo y bonachón, con
barba corta y cerrada, de movimientos torpes— encuentra, al
advertir los quejidos, a DON QUIJOTE en el suelo y se inclina
para atenderlo.*

SANCHO PANZA
 ¿Qué tenéis, señor?
 ¿Qué os ha ocurrido?

DON QUIJOTE
 ¡Oh, mejor no me preguntes,
 buen campesino!
 Escalofríos me dan cuando pienso
 en lo que me ha ocurrido:
 una falsa aparición de la doncella Dulcinea,
 un fantasma me sedujo
 para que subiera hasta esa ventana
 y cuando quise tomar su mano
 me arrojó rudamente al suelo.

SANCHO PANZA
 Ay, pobre señor, ¿qué puedo hacer por vos?

DON QUIJOTE
 No me llames pobre,
 mi buen amigo y salvador,
 porque incluso en los reveses del destino soy afortunado:
 soy caballero andante.

SANCHO PANZA
(Ingenuo).
¿Qué es eso, señor, un caballero andador? ¡Decid!

DON QUIJOTE
(Corrigiendo).
¡Se dice caballero andante!
Es un héroe que no teme a nada
¡pero dejemos esto para más tarde!

SANCHO PANZA
¿Un héroe? Eso es maravilloso.
Pero ¿cómo es posible entonces
que estéis tendido de forma tan ignominiosa en el suelo?
Aunque no me haya caído yo mismo
la caída que habéis sufrido
me duele tanto
como si me hubieran dado mil golpes.

DON QUIJOTE
(Que se levanta del suelo con la ayuda de Sancho Panza).
Tienes entendimiento y un buen corazón,
eres de mi gusto.
¿Querrías ser mi escudero?

SANCHO PANZA
Será un placer ser vuestro escudero.
Pero ¿cuáles son mis obligaciones en esta profesión?

DON QUIJOTE
(En tono aleccionador).
Si piensas en qué situaciones
puede verse un caballero andante
no necesito decirte que
un escudero tiene que ser un hombre hecho y derecho.

Solo con valentía y privaciones
puede servir a su señor.
Así, debe pasar hambre si falta el alimento
y sed, si falta el vino.
También debe dejarse golpear en muchas ocasiones
si la ocasión lo requiere
y utilizar la oportunidad de huir
para salir ileso.
(Con gesto de importancia).
El astuto no esperará tranquilamente
si el peligro parece demasiado grande,
no jugará todas sus cartas de una vez
y guardará la fuerza para su amigo.

SANCHO PANZA
Tomo buena nota de todo, señor,
soy fósil.[13]

DON QUIJOTE
Entonces aprende sobre todo
¡que se dice *dócil*!
Pero dime
¿cuál es tu nombre?

SANCHO PANZA
Señor, me llamo Sancho Panza.

DON QUIJOTE
(Con majestad).
¡Entonces, pues te llamas mi escudero,
llévame ahora, Sancho, a la cama!

---

[13] Como aquí, Kienzl se servirá en repetidas ocasiones de las prevaricaciones lingüísticas del Sancho cervantino.

*Le indica que debe retirarle la armadura y las armas y llevarlas
a la despensa a la izquierda que han habilitado para él como
dormitorio, instrucciones que* SANCHO PANZA *sigue de inmediato.
Ambos salen por la izquierda.*

ESCENA 8

*Ya se ha hecho de día. Dan las cinco. En ropa de caza —ocultada
bajo abrigos— llegan: el* DUQUE, *la* DUQUESA, *el mayordomo* DON
CLAVIJO, *una dama de compañía y séquito masculino y femeni-
no. Un criado toca repetida y fuertemente una gran campana.*
TIRANTE, MARITORNES *y* ALDONZA *se apresuran en traer luces.
El* DUQUE *y la* DUQUESA *se quitan sus abrigos.*

TIRANTE
    (Inclinándose con profunda devoción).
    ¿Qué puedo hace por Vuestra Excelencia?

EL DUQUE
    Desearía entonarme en su venta.
    ¡Sírvame un vaso de vino caliente!

TIRANTE, MARITORNES, ALDONZA se van; la DUQUESA *y la dama
de compañía toman asiento en la mesa en la que* DON QUIJOTE
se había sentado previamente.

DON CLAVIJO
    Brrr, ¡qué frío!
    El viento de la mañana me ha helado los miembros.
    (Se sienta en la mesa).

TIRANTE trae el vino caliente para el DUQUE *y* DON CLAVIJO *y té
para la* DUQUESA *y su dama de compañía. El séquito se sienta*

en las mesas al fondo donde comen un desayuno preparado por
MARITORNES y ALDONZA.

TIRANTE
(Al DUQUE).
¡Que os siente bien la mezcla
y os dé nuevas fuerzas!

EL DUQUE
Se lo agradezco.

DON QUIJOTE
(Detrás de la escena, gritando alto).
¡Ja, ladrón, pícaro!
¡Te tengo!
¡Tú, violador de mujeres, miserable, perro!

TODOS
Ah, ¿qué es eso?
¿No oís esos gritos salvajes?
¿Oís?

ESCENA 9

DON QUIJOTE, seguido de SANCHO PANZA, irrumpe en escena a
través de la puerta izquierda con los ojos cerrados, en camisón,
con una gorra colorida en la cabeza, sobre el brazo izquierdo
una manta roja y en la mano derecha la espada descubierta,
toda teñida de rojo.

DON QUIJOTE
¡Huye, canalla,
miserable Mambrino!
(Sacude la espada, furioso, en el aire, de forma que todos los
afectados retroceden).

EL DUQUE
  (A MARITORNES).
  ¿Quién es ese bicho raro, di?

MARITORNES
  Es un hombre llamado don Quijote,
  obsesionado con la locura de la caballería andante.

EL DUQUE
  ¡Ja, ja, ja!

El DUQUE *cuenta lo que ha oído a la* DUQUESA *y sus otros compañeros de mesa ríen, todos, de buena gana.*

SANCHO PANZA
  (Gateando alrededor de los cuatro).
  ¿Dónde está la cabeza?
  No la encuentro y sin embargo la vi
  al decapitar vos al gigante.

LA DUQUESA
  (A MARITORNES).
  ¿Y quién es aquel que le cree todo?

MARITORNES
  Es un campesino tonto de por aquí.

TIRANTE
  (Que tras apresurarse hacia el dormitorio de DON QUIJOTE
  regresa con unas botas de vino hechas trizas de las que se
  escapa el vino a borbotones).
  ¡Ay, qué dolor, mi mejor vino derramado!

SANCHO PANZA
  ¿Dónde está la cabeza?

TIRANTE
¡Estoy arruinado!

EL DUQUE
(A TIRANTE).
De daños debéis estar protegido
aquí, ¡tomad!
(Le da una bolsa con oro).

LA DUQUESA
¡Cómo me divierte esto!

MARITORNES
¡Ya es hora, loco, de que te despiertes y veas
los daños que nos has causado!

Le echa un cubo de agua en la cabeza mientras DON QUIJOTE se inclina a recoger la bacía de barbero de CARRASCO, que descubre en el suelo. Todos ríen.

SANCHO PANZA
Como un nabo voló su cabeza,
salía a chorros una fuente sangrienta.

DON QUIJOTE
(Imperturbable ante lo que le han hecho, esgrimiendo triunfante la bacía).
¡Ja, ved, tengo su yelmo! ¡Es el yelmo de Mambrino!

TIRANTE
(Al DUQUE).
Es la bacía del barbero.

DON CLAVIJO / EL DUQUE
¡Ja, ja!

DON QUIJOTE
(Colocándose la bacía en la cabeza).
Ja, ¿veis? ¡Tengo su yelmo!
Es el yelmo de Mambrino.

EL DUQUE
(A DON QUIJOTE).
¡Qué cabeza tan grande tenía el gigante!

DON QUIJOTE
(Gira la bacía para aquí y para allá para encontrar la visera).
¡Victoria, victoria!
¡El yelmo de Mambrino!

*Poco a poco, cuando ya ha amanecido, va reuniéndose cada vez
más gente sobre la escena, que se divierte con el acontecimiento.*

¡Mía es la victoria! ¡Está acabado!

TODOS
(Con gran alegría).
¡Hurra por el héroe que lo ha logrado!

DON QUIJOTE
(En éxtasis máximo).
¡Mía es la victoria! ¡Está acabado!

TODOS
¡Hurra por el héroe que lo ha logrado!
A Mambrino ha matado.
Hurra, tres veces hurra por el noble señor,
hurra por don Quijote, estrella de la caballería.

SANCHO PANZA
(Para sí).

Solo es la bacía del barbero.
Oh, ¡pobre de mí!
No obtendré la ínsula,
¡pobre de mí!

LA DUQUESA / MARITORNES / EL DUQUE /
DON CLAVIJO / TIRANTE
¡Victoria, victoria, victoria!
(Cada uno para sí).
Solo es la bacía del barbero, sí,
la bacía del barbero.

TODOS
(Con DON QUIJOTE).
¡Victoria! ¡Es el yelmo de Mambrino!

TIRANTE
(Para sí).
Solo es la bacía del barbero.

DON CLAVIJO
(Para sí).
Lástima que falte la mitad del yelmo…

LA DUQUESA / MARITORNES / EL DUQUE / TIRANTE
La bacía del barbero…

ALGUNAS MUJERES
(Riéndose disimuladamente).
¡Ja, ja, ja, ja, ja, ja!

SANCHO PANZA
(Triste).
¡No obtendré la ínsula!

LA DUQUESA / MARITORNES / EL DUQUE /
DON CLAVIJO / TIRANTE
   ¡Sí, del barbero!

DON QUIJOTE
   ¡Victoria! ¡El yelmo de Mambrino!
   ¡Mía es la victoria! ¡Está acabado!

TODOS
   ¡Hurra por el héroe!

LA DUQUESA
   *(Como iluminada por una buena idea, se lanza a los pies
   de DON QUIJOTE).*
   Sublime caballero, la princesa
   a la que habéis liberado de manos del raptor
   os agradece su honor y su vida,
   ¡Micomicona me llaman!

TODOS
   (Le siguen la corriente con la broma).
   ¡Micomicona!

DON QUIJOTE
   (Mirándola regocijado).
   ¡Micomicona!

SANCHO PANZA *coge la armadura y las armas de* DON QUIJOTE
del cuarto.

TODOS
   (Aparentemente para sí pero de manera que DON QUIJOTE
   pueda oírlo).
   ¿Es Micomicona la que yace aquí a sus pies?

Don Quijote levanta a la duquesa del suelo.

¡La ha liberado de un gran padecimiento, al haber vencido
   al gigante!

Sancho Panza
   (Para sí, mientras le pone la armadura a don Quijote
   y le da el escudo y la lanza, que toma con solemnidad).
   Encuentro a esta dama casi tan bella
   como lo es Dulcinea del Toboso,
   aunque no la he visto nunca
   por haber sido hechizada mediante la argucia de un mago.

El duque
   (A don Quijote*).*
   ¡Permitid, apreciado héroe,
   que también yo exprese en palabras mi agradecimiento!
   La liberación de la mujer del duque
   os ha consagrado como caballero.
   Por ello os ruego que, como querido invitado
   elijáis mi castillo para un espléndido descanso.

Todos
   (Con humor).
   El duque en persona lo invita;
   ¡qué héroe más singular debe de ser!

Sancho Panza
   (Para sí).
   Nos invita a su castillo;
   ¡seguro que allí se come muy bien!

Don Quijote
   (Al duque*).*
   Don Quijote aprecia el honor

con el que vos tanto le obsequiáis.
Se sentará con mucho gusto a la mesa
y disfrutará de vuestra compañía.

LA DUQUESA
(Con humor; a DON QUIJOTE*).*
También yo os ruego, sed nuestro invitado.
¡Descansad con nosotros de las cargas del día a día!
¡Descansad con nosotros!

TODOS
También la mujer noble lo invita.

Cuernos de caza resuenan a lo lejos; el DUQUE *hace una seña a su séquito para partir.* DON QUIJOTE *se ha sentado en una mesa delante a la izquierda en la que escribe rápidamente una carta. En lo que sigue, el séquito del* DUQUE *realiza las preparaciones necesarias para partir.*

DON QUIJOTE
(A SANCHO PANZA*, a quien le hace un gesto para que se acerque).*
Antes de seguir camino
debes procurarte un caballo.

SANCHO PANZA
Montar no es lo mío;
siempre fui poco hábil para eso.

DON QUIJOTE
No importa, ¡lleva esta carta a Mercedes!
Aunque hasta allí irás *per pedes.*[14]

---

[14] *Per pedes* (*apostolorum*): 'ir a pie (como los apóstoles)'. El cultismo latino posee en alemán una connotación cómica.

SANCHO PANZA
(Murmurando, mientras lee la carta para sí).
Vuesa merced, querida y apreciada sobrina,
a la recepción de este título al portador
ruego se le entregue a Sancho Panza, mi escudero,
uno de los burros jóvenes que dejé en casa,
cediéndoselo como pago por los servicios prestados.
Lo que reconoceré con este documento y su acuse de recibo.
Expedido en el castillo de don Tirante.
Pero, señor, debéis firmarlo.

SANCHO PANZA pone la carta sobre la mesa.

DON QUIJOTE
*(Mientras le pone un lacre con un escudo de armas,
presionándolo con la empuñadura de la espada).*
No es necesario; una señal valdrá.
Tiene la misma validez que mi nombre
y bastaría para tres burros,
sí, para trescientos de ellos, mansos y salvajes.

*Hace una cruz al final de la carta; SANCHO PANZA, entonces,
la guarda. DON QUIJOTE se levanta.*

EL DUQUE
(A DON QUIJOTE, que ya se está yendo).
¿Entonces Os veremos de nuevo, don Quijote?

DON QUIJOTE
Aún tengo que proteger a la noble novia de Basilio
de los descarados requiebros de Camacho.
Si tengo éxito con esto, entonces iré a veros volando.

*Se oyen cerca clarines de caza. El DUQUE, la DUQUESA, DON
CLAVIJO y el séquito completo se van. Se oye entrar un carruaje.*

ESCENA 10

Durante la escena décima SANCHO PANZA *come con fruición en una de las mesas del fondo y conversa con los huéspedes masculinos aún presentes.* CARRASCO *entra en escena desde la calle disfrazado de una noble dama entrada en años. Lleva una falda negra y un corsé verde de terciopelo con rayas rectas y blancas.*

CARRASCO
(Para sí).
Con astucia lograré
llevar al loco de vuelta a su hogar.
Solo así podré
conseguir a Mercedes.
Me ha prometido escucharme
si consigo engatusarlo.
(Se acerca a DON QUIJOTE *a saltitos, haciéndole profundas reverencias).*

CARRASCO
(A don Quijote, en falsete).
¡Sed saludado, Ilustre Señor, tres veces!
Vengo de parte de Dulcinea, la dulce.
Os pide a vos y a vuestro corcel
que acudáis hoy mismo a su castillo en el Toboso.
(Dos reverencias).

DON QUIJOTE
Mi noble señora, comunicad a Vuestra Dama
que aún no soy digno del gran momento
en el que se me permitirá hincar la rodilla
sobre el polvo del suelo ante ella
para enseñarle las heridas de mi corazón.
Antes de poder mostrarme ante Dulcinea
debo salir vencedor de al menos diez combates.

CARRASCO
(En falsete; a DON QUIJOTE, *con rabia contenida y, por ello,*
de forma entrecortada).
Volveré
cuando las cosas se pongan serias por aquí.
(Con su voz natural, para sí).
¡Maldición! ¡Cualquier astucia fracasa ante su locura!

Con numerosos cumplidos mutuos DON QUIJOTE *acompaña a*
CARRASCO *hasta el exterior y permanece un rato tras la escena.*

ESCENA 11

SANCHO PANZA se dispone a salir.

TIRANTE
(Lo detiene).
Cómo, ¿te vas?
Y tu cuenta, ¿quién la paga?

SANCHO PANZA
(DESCARADO).
Tanto me da… Sancho no paga.

TIRANTE
Desvergonzado, ¿cómo te atreves?

SANCHO PANZA
¿Buscáis problemas?
¡Dejadlo estar!

ALGUNOS (CORO)
Ja, ¿qué ocurre ahí?

OTROS
  ¿Qué ocurre ahí?
  ¡Mirad al desvergonzado!

TIRANTE
  Irse sin pagar pretende el canalla.

ALGUNOS
  ¿Cómo? ¿Sin pagar?

SANCHO PANZA
  ¡Los caballeros andantes nunca pagan!

ALGUNOS
  ¡Caballeros andantes!
  ¿Estás loco?
  ¡Solo eres un campesino tonto!

VARIOS
    ¡Solo eres un campesino tonto!

SANCHO PANZA
  (Muy irritado).
  ¿Un campesino tonto?
  (Se sube las mangas en actitud de ataque).
  Ja, ¿quién lo dice?
  No recomiendo a nadie que me provoque.

TODOS
  ¿Amenazar es lo que quieres?
  Espera, muchacho.

Se abalanzan sobre SANCHO; *él escapa repetidamente hasta que consiguen atraparlo, después de lo que comienzan a apalearlo.*

¡Hala, esto te sentará bien!

Se oye partir al carruaje.

Sancho Panza
  (Grita fuerte e intenta defenderse).
  ¡Au!

Todos
  ¡Ja, ja!

Sancho Panza
  ¡Ay, señor caballero, oíd! ¡Auxiliadme!
  ¡Au, me están dando una paliza de muerte!

Don Quijote
  (Irrumpe con la espada desenfundada).
  Ja, ¿quién osa tocar a mi escudero, Sancho Panza?
  Don Quijote llama a la lucha.
  ¡Desenvainen, caballeros!

Cuando don Quijote *alza la espada,* Tirante, *que ha corrido hacia él por detrás, se la quita de las manos.*

Tirante
  Si la disputa no llega pronto a su fin
  haré que os arresten a todos.

Don Quijote
  (Indignado).
  ¿Arrestar a un caballero andante?
  ¿Alguna vez ha impedido la policía las hazañas
      caballerescas?[15]

---

[15] La oposición entre el caballero y la policía representa el conflicto entre

Cada vez se ceban más con SANCHO. *Finalmente, los hombres lo dejan dando voces sobre una sábana para mantearlo.*

TIRANTE
(Burlándose).
Todos juntos ante el juez
no valen dos míseros maravedís.

SANCHO PANZA
¡Au! ¡Au!

DON QUIJOTE
¡Ja! Rocinante ya está relinchando.
¡A la batalla contra Camacho!

Se precipita hacia la calle sin prestar atención a SANCHO PAN-ZA *y una vez allí monta veloz sobre Rocinante, que va hacia él desde los establos después de haberse soltado de las ataduras. Se ve a muchos hombres y mujeres corriendo horrorizados tras el caballo con los brazos extendidos.*

TODOS LOS HOMBRES
(Con gran desenfreno).
¡Salta, Sancho!
¡Vuela, Sancho!
¡Solo un manteamiento compensa una estafa![16]

---

la individualidad y los convencionalismos sociales característico del Romanticismo.

[16] En castellano se pierde la diáfora del original alemán (*Prellen nur macht Prellen quitt*), pues *prellen* significa, a la vez, el impago de una cuenta así como el manteamiento de un animal (generalmente un zorro), un divertimento popular en las Cortes europeas entre los siglos XVI y XVIII. En el original cervantino el manteamiento de Sancho se comparaba al de los perros por Carnaval (I, 17).

SANCHO PANZA
(Sin aliento, con rabia e impotencia).
¡Que los perros
(vuela hacia arriba, cae)
devoren
(vuela, cae)
este castillo
(vuela, cae)
con todos dentro!

Entretanto.

LAS MUJERES
(Que como consecuencia del tumulto se han acercado).
¡Salta! ¡Vuela!
¡Salta! ¡Vuela!

TODOS
¡Salta, Sancho! ¡Vuela, Panza!
¡Solo un manteamiento compensa una estafa!

ACTO II

INTRODUCCIÓN

ESCENA 1

Espacio abierto y amplio frente al castillo del DUQUE. *Delante a la izquierda una tarima sostenida sobre columnas, que constituye el porche del castillo al que conduce una escalera exterior con una alfombra. Sobre el suelo de la tarima se encuentra una mesa magníficamente dispuesta; alrededor de ella, sillas ricamente adornadas. A la derecha, un imponente portal de tres pilares que conduce al exterior del castillo. Al fondo a la izquierda, la vista a un gran parque con árboles altos y bosquetes. Todo está festivamente decorado; las columnas y arcos están adornados con guirnaldas, festones, pendones, cintas. Tanto el servicio masculino como el femenino está ocupado en dar deprisa un último toque a la disposición.*

EL DUQUE
 (Al mayordomo).
 Bien, ¿cómo vamos, mayordomo?
 ¿Ya lo has dispuesto todo?
 ¿Están listos los espíritus mágicos?
 ¿Está preparado el caballo de madera?

DON CLAVIJO
 El espectáculo puede empezar.
 Todo está listo desde hace tiempo.

EL DUQUE
 (A los hombres disfrazados de príncipes, condes y caballeros y a los alabarderos).
 Recibid a don Quijote

con los honores de un rey.
¡Homenajeadlo como a un dios!
¡No le neguéis ningún favor!

TODOS LOS HOMBRES
Que su alteza no se preocupe,
no fallaremos.

DON CLAVIJO
(A todos).
Prestad atención.
¡Conteneos!

TODOS
(Los unos a los otros).
Prestad atención.
¡Conteneos!

DON CLAVIJO
Conteneos,
¡que no os pueda la risa!

TODOS
¡Sobre todo no reír
para que la broma salga bien!
¡No reír, ja, ja!
¡Sobre todo no reír
para que la broma salga bien!

Cuatro chicas vestidas de paje.

FRASQUITA / ROSITA
¿Viene aquí por ese callejón?

MARIETA / JUANITA
  ¿Dónde nos ponemos?

Don Clavijo les indica su lugar.

LA DUQUESA
  (A los cuatro «pajes»).
  Vosotras, Frasquita y Rosita,
  Marieta y Juanita,
  ¡representad vuestro papel con seriedad!
  ¡que no se me ría ninguna de vosotras!
  Cuando os presentéis ante don Quijote
  con la bacía dorada
  debéis reprimir el impulso
  de hacer gesto alguno que os delate.

EL DUQUE
  Tú, Clavijo, entrarás como dama,
  como noble hechizada;
  que Dolorida sea su nombre,
  confío enteramente en tu ingenio.
  Cómo conectes esto
  con el caballo lleno de fuego
  y cómo encuentres la conexión
  con Merlín y viceversa
  lo dejo en tu mano,
  pero lo uno debe encajar con lo otro.

TODOS
  ¡Vamos, Clavijo, mayordomo!
  ¡Llama a todos los espíritus irracionales!
  ¡Haz hoy brillar y aparecer en todo su esplendor
  la llama de tu ingenio!

LOS CUATRO «PAJES»: FRASQUITA / ROSITA /
MARIETA / JUANITA
Sobre todo no reír,
para que la broma salga bien,
no reír, ja, ja, ja, ja…

LA DUQUESA
¡Desempeñad vuestro papel con seriedad,
que no se me ría ninguna de vosotras!
¡Ja, ja, ja, ja!

EL DUQUE
¡Prestad atención!
¡Conteneos todos!
¡Prestad atención!

TODOS
Ja, ja, ja, ja, ja…
¡Prestad atención!
¡Conteneos todos,
que no os pueda la risa!
¡Sobre todo no reír
para que la broma salga bien!

DON CLAVIJO
¡Prestad atención!
¡Conteneos todos!

ESCENA 2

Un MENSAJERO *entra a prisa en escena a través del portal, se coloca en el medio y toca una señal con la trompeta. Todo se coloca
en su lugar. Silencio repentino. Aquí y allí, risa mal reprimida.*

El mensajero
  Don Quijote de la Mancha,
  también llamado Caballero de los Leones,
  con el escudero Sancho Panza
  se anuncia a vuesa merced.
  También se apoda a sí mismo
  el «Caballero de la Triste Figura».

La duquesa / el duque
  (Cariñosamente).
  ¡Don Quijote sea bienvenido!

A una seña de don Clavijo *aparecen cuatro heraldos que to-can clarines.* Don Quijote *entra a caballo por el portal con pose orgullosa sobre Rocinante. Le sigue* Sancho Panza *en un burro, vestido como un patriarca y con un saco y una bota de vino atados en la parte trasera. Júbilo exagerado de los reunidos.*

Todos
  ¡Tres hurras por el orgulloso vencedor,
  por su valor y su fuerza!

Ayudan a don Quijote *a apearse del caballo, que es retirado de la escena.* Sancho Panza *baja de forma extremadamente torpe del asno, queda colgando del estribo y resbala hasta caer al suelo, de forma que los que están alrededor no pueden evitar reír.*

  ¡Hurra por la flor y nata
  de la caballería andante!
  ¡Tres hurras por el orgulloso vencedor,
  por su valor y su fuerza!
  ¡Hurra por la flor y nata
  de la caballería andante!
  ¡Hurra por él!

Ceremonias: doce pajes aparecen en escena y se inclinan infini-tamente a lo largo ante DON QUIJOTE *formando distintas figuras. Entonces llegan seis caballeros vestidos de negro con espada, se inclinan ante* DON QUIJOTE *y lo rocían con agua aromatizada, ante lo que él mantiene la máxima seriedad, además de mos-trarse orgulloso. Dos damiselas nobles, vestidas con colores extra-vagantes, se dirigen a* DON QUIJOTE *con profundas reverencias; una de ellas le cuelga a los hombros un manto escarlata, la otra le coloca, después de haberle quitado el casco, una gorra verde de satén. Los seis caballeros forman entonces un círculo alrededor de él, dentro del que las dos damiselas nobles le extienden la mano, de manera que lo cogen de la punta de los dedos, una por la derecha y otra por la izquierda, para conducirlo a través de la escalera exterior a la mesa donde le indican su lugar de honor al final, en el extremo derecho de la misma.* SANCHO PANZA *le sigue respetuosamente y se sienta, después de que los* DUQUES *ocupen su sitio en el centro del lado largo de la mesa, frente a su señor. Entre la* DUQUESA *y* SANCHO PANZA *se sienta la dama de compañía de la primera; son solo cinco sitios en total.*

LOS HOMBRES
    ¡Hurra por el protector de la verdadera fidelidad,
    que liberó a la novia de Basilio
    y se atrevió a mirar, valiente,
    a los desvergonzados ojos al bribón de Camacho!

TODOS
    ¡Hurra por el valiente «Caballero de los Leones
    de la Triste Figura»!
    ¡Hurra por el más grande reformador
    de las antiguas costumbres y poderes!
    ¡Hurra por él!
    ¡Hurra por el más grande reformador
    de las antiguas costumbres y poderes!

ESCENA 3

Comienza la comida. Don Clavijo *entra en escena.*

Don Clavijo
  ¡Ved aquí el selecto grupo de bailarines
  que mi amo ha invitado para daros gusto!
  Vienen desde todos los lugares del mundo
  para honraros, oh héroe, con su arte.

Hace una profunda reverencia ante don Quijote *y solo después
ante los* duques, *tras lo que retrocede para dejar sitio a los bailarines. El* duque *hace una señal para que el baile dé comienzo.*

DANZA FESTIVA

*Cada baile va acompañado de un plato especial con el nombre
anunciado e indicado sobre el mismo. Todos terminan con un
corto homenaje pantomímico a* don Quijote.

Torneo *(enérgicos caballeros sobre caballos artificiales).*

Don Quijote
  (A Sancho Panza, *que toca la comida con los dedos).*
  ¡Sancho, puaj!
  ¿Cómo comes así?
  ¿Se cogen los pasteles con los dedos?
  ¡Coge cuchillo, cuchara y tenedor!
  ¿No eres capaz de hacer eso?

Sancho Panza
  Señor, entonces estoy perdido;
  no he nacido para caballero.

Don Quijote
> ¿Tienes que chuparte los dedos?
> ¿No te gusta de otra forma?

Sancho Panza
> Nunca lo he conocido de otra forma
> con los campesinos en el campo.
> Sin cuchara, tenedor, cuchillo,
> me sabe mucho mejor.

Danza mora *(solo pocas bailarinas; movimientos lentos. Cuatro mozas tocan adicionalmente la guitarra).*

El duque
> *(Sonriendo a* don Quijote, *al lado de quien tiene su sitio).*
> ¿Os gustan las chicas,
> sus ojos, sus pantorrillas?

Don Quijote
> *(Siempre serio).*
> Alteza, ¿cómo podéis preguntar?
> ¿Qué puedo deciros al respecto?
> Juré, casto, a Dulcinea,
> no tener ojos para ninguna otra.

El duque
> La castidad caballeresca, creo,
> es compatible con el sentido estético.
> ¿Habéis renunciado a él por completo
> por haber jurado fidelidad a una dama?

Don Quijote
> Para ninguna tengo ojos
> que no sea Dulcinea.

SANCHO PANZA
(A media voz, para sí).
No comparto esta opinión,
si las vistas son así de buenas.

DON QUIJOTE
(A SANCHO PANZA).
¡Come y calla, tonto!
No entiendes esta conversación.

SANCHO PANZA
Dios da pan a quien no tiene dientes.[17]

DON QUIJOTE
Con frecuencia digo: ¡cuando hables
no debes encadenar un refrán detrás de otro!

Un grupo grande de bailarines y bailarinas vestidos de napolitanos camina hacia la parte delantera con panderetas.

TARANTELLA

DON QUIJOTE
(A SANCHO PANZA).
¡Cuida tu barrigota,
si has comido hasta hartarte!

SANCHO
¡De lo que estoy harto es del hambre eterna,
de la sed, de la vigilia, del frío, de estar sin hacer nada!

---

[17] En el original alemán («Gott verleiht's im Schlaf den Seinen») se alude explícitamente al salmo 127 («Es inútil que madruguéis, que veléis hasta tarde, que comáis el pan de vuestros sudores: ¡Dios lo da a sus amigos mientras duermen!») que Sancho transforma («Klug die dümmsten Reichen zeigen») para mostrar su cómica incomprensión ante la actitud de don Quijote, que no sabe apreciarlo y lo rechaza.

LA DUQUESA
 (A DON QUIJOTE).
 ¡Dejadlo comer, dejadlo beber!
 (A SANCHO PANZA).
 ¡Coge del jamón de Borgoña!

SANCHO PANZA
 (Gritando).
 ¡Viva la duquesa
 y con ella el duque!

DON QUIJOTE
 Sancho, ¡silencio!
 Estás borracho.
 ¡Ahórrate tus ocurrencias!

SANCHO PANZA
 Señor, no era con mala intención.
 Mejor se ríe
 que se llora.[18]

ESCENA 4

*Dos pajes caminan por la escalera exterior. Uno lleva una ba-
cía dorada sobre las palmas de las manos y se arrodilla en la
escalera ante DON QUIJOTE. El otro enjabona la barba a DON
QUIJOTE con vehemencia y empieza, entonces, a limpiarlo con
una esponja. DON QUIJOTE cree que esa tontería debe de ser
una ceremonia de la Corte, cierra los ojos y la acepta un poco
como inevitable. Después de que el paje haya limpiado la parte*

---

[18] A pesar de las advertencias de don Quijote, la escena termina en el
 original alemán con un nuevo refrán del escudero.

izquierda de la cara, se oye el sonido largo de una trompeta, que sorprende a todos.

LOS REUNIDOS
¿Qué es eso?
¿Qué puede ser?
¿Qué es esa procesión que está entrando?

Se oyen golpes de tambor sordos y música de lamentos con instrumentos de viento cada vez más cerca. En el último escalón delante de la mesa se coloca un trono para DON QUIJOTE, *cuyo respaldo está adornado con la imagen de Temis.[19] El* DUQUE *invita a* DON QUIJOTE *con un gesto a tomar asiento en el trono.* DON QUIJOTE *lo hace. El lado derecho de la cara está todavía completamente enjabonado y así permanecerá hasta el final del acto.*

EL DUQUE
(*A* DON QUIJOTE).
En medio de lamentos la dolorosa procesión de la Dolorida
se aproxima a escuchar la sabiduría de vuestras sentencias.
Esta es la Dueña Dolorida.
Nunca ha habido mujer igual.

Las «mujeres» se arrodillan ante DON QUIJOTE. *La Dueña Dolorida se arroja a los pies de* DON QUIJOTE *con todo el cuerpo extendido en el suelo.*

DON CLAVIJO
(*En falsete; debe sonar como soprano en la misma escala*).
A tus piernas y pies
me arrojo moribunda.
(*Tierna*).
Deseo acariciarlos y besarlos,

---

[19] Segunda esposa de Zeus y diosa de la justicia.

los pilares y murallas de la caballería,
(rodea con los brazos las piernas de don Quijote)
pues toda la ayuda y la salvación
dependen ahora solo de sus pasos.

Don Quijote ha escuchado con los brazos cruzados y con el cuerpo inclinado hacia la derecha con atención.

Don Quijote
(Con expresión de la más noble y la más profunda compasión).
Cuénteme, bella dueña,
(se levanta para inclinarse hacia Don Clavijo y levantarlo del suelo, tras lo que vuelve a sentarse en el trono)
¿qué penas hacen sufrir vuestro corazón?

Don Clavijo gime varias veces de manera ostentosa.

Don Clavijo
(En falsete).
De este modo quiero contar el infortunio
que me ha robado el entendimiento;
No sé dónde está secuestrado
pero debe de encontrarse lejos
pues cuanto más lo busco, menos lo encuentro.

El Duque
(En voz baja a la duquesa).
Qué bien lo está haciendo Clavijo,
me hace reír sin parar.

La duquesa
(En voz baja al duque).
¡Qué serio lo escucha don Quijote!

DON QUIJOTE
¡Llega ya al meollo de la cuestión, Dueña!

Don Clavijo se aclara la garganta varias veces de forma notoria.

DON CLAVIJO
(En falsete).
La infanta Antonomasia, a la que servía como dueña,
estaba locamente enamorada de Alfonso,
que era un joven caballero.
(Azorada).
Yo le facilité el camino
para un encuentro nocturno con su amada.
(En voz extremadamente baja y misteriosa).
Ambos se casaron en secreto.
(Oscureciendo el tono).
Maguncia, la reina madre,
tuvo noticia de ello
(gimiendo)
y tal fue su pesadumbre
que murió a los tres días.
(Contándolo ahora con viveza).
Entonces, de repente, apareció Malambruno,
un cruel gigante,
como vengador de la muerte de la reina Maguncia.
Con encantamientos los castigó a ambos:
transformó a Antonomasia en una mona de cristal
mientras a Alfonso…
(se traba, buscando una idea)
lo convirtió en flamenco de un desconocido metal.[20]

---

[20] En el original cervantino ella es convertida en una mona de bronce y él, en un cocodrilo de un metal no conocido. Kienzl cambia el nombre del amante en la novela cervantina, don Clavijo, a don Alfonso, para que no coincida con el nombre que da al mayordomo de los duques.

LAS DOCE DUEÑAS
(En lamentos).
De un desconocido metal.

DON QUIJOTE sacude pensativo la cabeza.

TODOS
¿Cómo se puede contener la risa con estas cosas tan
    entretenidas?
¡Ja, ja, ja!
¿Cómo se puede contener la risa? ¡Ja, ja!

El DUQUE hace un gesto desaprobatorio. Después, silencio.

DON CLAVIJO
(En falsete).
En tono grave dijo entonces estas palabras:
(con su voz natural y con una fuerza espantosa)
«Nunca jamás volverán a ser humanos,
si la celebridad de la Mancha,
don Quijote, el triste caballero,
no se mide en lucha conmigo.
¡Solo él puede salvarlos!»

LAS DUEÑAS
¡Solo él puede salvarlos!

DON CLAVIJO
(Con nerviosismo creciente, de nuevo en falsete).
Entonces nos llamó a todas las dueñas.
Apenas nos reunimos alrededor de él
sentimos de repente en el rostro
una quemazón y un picor,
un picor, una quemazón y un picor.

(Con una fuerza espantosa).
¡Ved ahora cómo nos ha castigado el gigante!

LAS DUEÑAS
  ¡Ay, qué dolor!

Él y todas las «DUEÑAS» se retiran el velo y puede verse que sus caras están cubiertas de barbas negras, blancas y canosas. DON QUIJOTE, indignado ante esta visión, se levanta raudo del sillón.

  ¡Qué dolor!
  ¡Ay, qué dolor!

DON CLAVIJO
  ¡Libéranos, oh, héroe,
  de los pelos
  a los que los enamorados nos han condenado!

DON CLAVIJO se desmaya y es sujetado por dos «DUEÑAS» antes de caer, pero se recupera enseguida.

DUEÑAS
  ¡Ay, qué dolor, qué dolor!

DON QUIJOTE
  (Desenvaina enérgicamente la espada, la sacude terriblemente en el aire y quiere partir de inmediato).
  ¡Ah, pérfido Malambruno!
  ¡Pagarás cara esta ignominia, malvado!

DON CLAVIJO
  (Lo retiene).
  ¡No tan rápido, oh noble caballero!
  (Con expresión visionaria).
  A pie no llegarás al lugar

en el que se encuentra el pérfido gigante
a muchas millas de aquí.
¡Allí solo puede llevarte Clavileño!

TODOS
¡Clavileño!
¿Qué cosa extraña podría llamarse así?
¡Clavileño!

DON CLAVIJO
(Misteriosamente).
Se trata del caballo del gigante.
Te lleva al fin del mundo
volando en pocos minutos.

DON QUIJOTE
(Temblando de emoción).
Pero decidme, ¿dónde está Clavileño?

DON CLAVIJO
(Con espantosa solemnidad).
Si con la punta de la lanza
tocas la panza de tu escudero
y pronuncias su nombre tres veces
aparecerá aquí Clavileño.

La DUEÑA se recoge profundamente conmocionada, agotada y temblando.

DON QUIJOTE
(Con solemnidad creciente, mientras toca con la lanza la panza de SANCHO, que se ha colocado en pose ceremoniosa).
¡Clavileño! ¡Clavileño!

SANCHO PANZA
(Para sí).
Clanibemlo ¿qué me importa a mí?
Los pasteles me saben mucho mejor.

Quiere sentarse de nuevo a la mesa. Ruidos extraños desde fuera, tensión general.

ESCENA 5

Aparecen cuatro hombres salvajes —gigantes— con hiedra y garrotes. Empujan un caballo grande de madera, Clavileño, hacia el interior y lo dejan en el centro de la escena. DON CLAVIJO y las «DUEÑAS» se han retirado. En lo que sigue va atardeciendo progresivamente. Continúan sirviéndose vasos dorados con vino para intensificar el ambiente hasta la hilaridad más extrema. Especialmente DON CLAVIJO ha hecho repetida y abundantemente los honores al vino.

LA DUQUESA / EL DUQUE / DON CLAVIJO / CORO
Ved, para partir con el noble caballero
ya está listo Clavileño.

CARRASCO entra sigilosamente por el portal y se queda de pie directamente allí, junto a él, en la parte delantera a la derecha.

Agarrará del cuello a Malambruno
aun si está a muchos miles de millas de distancia.

DON QUIJOTE
(Apasionado).
¡Ja, cómo bulle la sangre en mi interior!
A vengar este acto abominable,
a aliviar el dolor de estas mujeres

me impulsa el consejo de mi espíritu.
¡Ja, el desvergonzado lo pagará terriblemente!
Deseo bañarme en su sangre.
¡Sí, os traeré la cabeza del gigante!
No escapará a la furia de don Quijote.
A aliviar el dolor de estas mujeres
me impulsa el consejo de mi espíritu.
¡Ja, el desvergonzado lo pagará terriblemente!
Deseo bañarme en su sangre.

CARRASCO
(Después de haber comprendido la situación, para sí).
¡Ah, y desde aquí debo llevarlo a casa!
¿Sabe Mercedes, acaso, realmente, lo que me está pidiendo?
No, ¡no me es posible hacerlo!
Así que en marcha y me vuelvo.

DON CLAVIJO
(Con voz natural).
Combatir en una lucha así de selecta
está reservado solo a don Quijote.
¿Mitigará el profundo sufrimiento de estas mujeres,
las librará de su barba?

LA DUQUESA
(Con humor).
El temor se apodera de mí
cuando veo tal osadía,
a la que ningún mortal se ha atrevido todavía.
Ay, Dios mío, estoy al borde de la desesperación,
pero el corazón del caballero late sin fallo.
Mis sentidos comienzan a desvanecerse,
cuando pienso en la lucha que el caballero comienza.
¿Recibirá el gigante también el castigo
que don Quijote ha ideado para él?

EL DUQUE
(Para sí).
Nunca lo hubiera creído pero debo creerlo ahora,
que hay locos de carácter tan peculiar
que están capacitados para robarnos la razón,
cuya locura convive con la cordura.
¿Montará realmente sobre el caballo
que el exultante ingenio de Clavijo ha inventado?
¿Lo hará de verdad?
¿Puede, pues, la locura, mostrarse en su apogeo,
cuando es espoleada por los libros de caballerías?
¿Montará realmente sobre este caballo?

SANCHO
(Lloroso).
Hasta siempre, querida madre Tierra,
pues hacia arriba va ahora mi camino.
¡Hasta siempre!

Dos damiselas nobles les vendan los ojos a DON QUIJOTE *y* SANCHO
PANZA, *que al principio se resiste. Sirvientes colocan una escalera
junto al caballo de madera.* DON QUIJOTE *sube la escalera con
gesto serio con la ayuda de dos pajes que lo dirigen hasta allí.
Cuando llega arriba,* DON QUIJOTE *se sienta sobre los lomos del
caballo.* SANCHO PANZA *sigue torpe a su señor; resbala repetidamente. Después de haberse sentado tras él,* SANCHO PANZA *lo
agarra asustado de la cintura para no caerse y tiembla de miedo.*

DON QUIJOTE
¿Qué pasa, Sancho?
¿Tienes miedo?

SANCHO PANZA
(Se inclina apretándose a DON QUIJOTE*).*
Tengo miedo.

(En voz baja, tapándose la boca con la mano).
¿Vamos a volar mucho tiempo?

Don Quijote
  ¡Estate tranquilo!
  ¿Puede viajarse de una forma más bella?

Sancho Panza
  Y sin embargo preferiría estar aún comiendo.

Don Quijote
  Ya relincha;
  ¡estamos despegando!

Sancho Panza
  El asiento es duro;
  ¡me hace daño!

A un gesto del duque *aparecen los cuatro heraldos y tocan clarines.*

La duquesa / el duque
  Hasta siempre, señores,
  ¡mucha suerte en su viaje!

Don Quijote gira el asidero colocado en el cuello del caballo. Todos se han abastecido de fuelles con los que simulan viento contra don Quijote *y* Sancho Panza.

Sancho Panza
  ¡Ay, mi señor,
  qué viento más fuerte!

Don Quijote
  El caballo es ágil,
  avanzamos veloces.

SANCHO PANZA
¡Maldito el hechizo que nos obliga!

DON QUIJOTE
A cambio nos espera el laurel de los héroes.
(Agarra las riendas).

En lo que sigue, hasta la escena 6, se harán laboriosa y apresuradamente los preparativos para el siguiente desarrollo de los acontecimientos: DON CLAVIJO —al igual que las otras «DUEÑAS»— se quitará rápidamente los vestidos de mujer y se disfrazará ahora de mago Merlín. El portal grande a la derecha es cubierto con un tapiz tras el que se coloca un «carruaje mágico» grande, negro, con dosel y adornado con estrellas doradas y medias lunas. Golpean por detrás a SANCHO PANZA.

SANCHO PANZA
El caballo da coces.
¡Pero esto qué es!

DON QUIJOTE
¿Ha existido alguna vez caballo de paso suave?

TODOS LOS REUNIDOS
(Se retiran a un lugar de la escena hacia atrás y amortiguan sus voces dependiendo de los avances en las fases del imaginativo caballero, para simularle la cada vez mayor distancia que le separa de la Tierra).
Ya estáis muy lejos en el espacio.
Parecéis muy pequeños; apenas se os ve.

SANCHO PANZA lloriquea. Hacen ruidos similares al del trueno con grandes platillos de hojalata y tambores. Truenos…

DON QUIJOTE
Ya estamos en territorio tormentoso.

SANCHO PANZA
Todavía me sacan de aquí cadáver del miedo que tengo.

DON QUIJOTE
Gallina, debería darte vergüenza.

SANCHO PANZA
El temor no me lo podéis quitar.

DON QUIJOTE
Estamos cabalgando sobre las nubes.

SANCHO PANZA
(Cogiendo la salchicha que DON CLAVIJO *le sostiene delante de sus narices).*
Estoy tocando la cima de la luna.

DON QUIJOTE
(Mientras se le sujeta una antorcha encendida delante del rostro).
A mí me está quemando el caliente aliento del sol.

SANCHO PANZA
Estoy sudando como en un hervidero infernal.[21]

---

[21] La referencia de Kienzl al *Höllenbroden*, que traducimos aquí como «hervidero infernal» procede de la balada «Die erste Walpurgisnacht», compuesta por Johann Wolfgang von Goethe en 1799 y musicalizada por Mendelssohn. «Die erste Walpurgisnacht», Op.60. en 1833: «Oben flammt und saust der Böse. Aus dem Boden dampfet rings ein Höllenbroden. Lasst uns flieh'n!».

TODOS LOS REUNIDOS
(Aún más bajo).
¡Adiós, queridos señores!

SANCHO PANZA
¡Oh, ojalá hubiéramos aterrizado ya!
Si tan solo el gigante no nos devorara…

DON QUIJOTE
¡Oh, Sancho, puaj! ¿Eres cristiano?
(Agarra de nuevo las riendas).
¿Oyes ese golpeteo?
¡Ya hemos llegado a nuestro destino!

SANCHO PANZA
(Gritando con un miedo espantoso).
El gigante se acerca.
¡Esto es demasiado!

ESCENA 6

Como antes, se hace un ruido similar al de truenos. Se enciende con una antorcha una rueda de fuego colocada sobre el trasero del caballo que comienza a girar, explota con espantoso estruendo y hace pedazos el caballo, de manera que DON QUIJOTE *y* SANCHO *caen al suelo, donde se quedan tirados sin salir de su estado de estupefacción. El tapiz cae al mismo tiempo del portal y queda a la vista el carruaje mágico en el que* DON CLAVIJO *está sentado como Merlín sentado en lo alto sobre su trono. Se parece mitad al demonio, mitad a la muerte. A sus pies, en el carruaje se agrupan distintas figuras disfrazadas de forma extravagante. Unos sostienen antorchas encendidas que irradian una luz verdosa, otros tocan instrumentos de viento, arpas y guitarras. Se ha hecho ahora totalmente de noche.*

SANCHO PANZA

¡Ah, lo juro por Herodes,
misericordioso señor, me entrego a la muerte!

DON QUIJOTE

(Todavía con los ojos vendados).[22]
¡Cállate, Sancho, estúpido mequetrefe!
(Susurrando).
¿No ves a Malambruno?

SANCHO PANZA

(Todavía con los ojos vendados; gimiendo).
Solo veo la negra noche.
Los truenos hacen un ruido espantoso.

DON CLAVIJO

*(Con voz amenazante y cómico tremendismo
en la expresión).*
Solo soy bueno para los que ven,
¡quitaos la venda de los ojos!

SANCHO PANZA

¡Qué visión, mi señor!
¡Qué luz y qué mar de colores!
¡Todo nada en negro y rojo!
¡Ved allí la muerte viviente!

DON CLAVIJO

Sabed,
yo, que aparezco ante ti, soy el mago Merlín,

---

[22] Kienzl destaca la importancia de esta acotación porque le permite expresar el contraste existente entre una visión física y una espiritual. A través de esta última el caballero puede ver al gigante Malambruno aunque lleve los ojos vendados o, en el tercer acto, a Dulcinea, mientras con su visión física, en cambio, verá a la fea campesina (1904: 69).

la luz de todos los maestros de brujas,
creado por el mismo Satán.
El saber de Zoroastro en mí descansa,
de él soy archivo.
¡Tú, ante el que se inclinan mundos enteros,
gran héroe, sublime caballero,
mi llegada no te causará desagrado!
Esas mujeres del encantamiento de la barba,
que se han confiado a tu protección
volverán a lucir curadas y bellas como antes,
sin barba, sin derramar más lágrimas
y sin que tengas que matar a Malambruno!

TODAS LAS MUJERES
(Divertidas).
¡Viva Merlín, que nos libera
de la condición de barbudas!
¡Viva!¡Viva!¡Viva!¡Viva!¡Viva!

DON CLAVIJO
(Muy patético).
Pero debo comunicarte algo importante todavía
al caballero nunca vencido:
(con voz temblorosa)
tu búsqueda de Dulcinea
llegará gracias a mí a su fin
y dejará de ser la campesina
a la que los encantamientos habían condenado.
Para que vuelva a ser la belleza de antaño
tu escudero Sancho Panza debe
infligirse, él mismo y sin vacilar,
tres mil latigazos sobre las posaderas
cuando él lo prefiera,
de manera que escuezan y piquen.
¡Sabed que la cosecha de sangre

trae siempre los mejores frutos!
Y así os comunico entonces:
¡sed teletransportados de vuelta
a las tierras de los duques
en las que estuvisteis hoy!

ESCENA 7

Ruido de truenos. El tapiz se cierra de nuevo sobre el portal.
Farolillos de colores cuelgan sobre el estrado, así como luces y
antorchas encendidas. DON QUIJOTE *y* SANCHO PANZA *se le-*
vantan del suelo. La DUQUESA, FRASQUITA, ROSITA, MARIETA
y JUANITA *caminan en fila hacia* DON QUIJOTE.

LOS DUQUES / FRASQUITA / ROSITA / MARIETA / JUANITA
Os saludamos, don Quijote,
encantador mensajero de buenas nuevas.
Con el hechizo valientemente anulado
las damas vuelven a tener el rostro despejado.
Y a ti, Sancho, permite que te pidamos:
¡golpéate por tu señor!
Como ya has sufrido tanto,
no te importará sacrificarte por él.

DON QUIJOTE *mira absorto hacia delante.*

DON QUIJOTE
(Que de repente despierta del ensimismamiento; muy
excitado).
Sancho querido, buen Sancho,
te juro, mi Sancho,
date los tres mil latigazos,
Sancho, ¡hazlo por mí!

SANCHO PANZA
¡Al diablo el encantamiento!
No, no lo haré, no hay duda.
(Encolerizándose cada vez más).
¿Por qué habría de atizar y golpear mis nalgas
por la damisela?
¡Por mí que siga siendo campesina!
Yo, desde luego, no tengo nada en contra.

TODOS
(Con bulliciosa hilaridad).
¡Sancho, Sancho,
golpéate esas nalgas!
¡Ayuda a la damisela a librarse del hechizo,
y a sellar así la felicidad de tu señor!

SANCHO PANZA
Ya he sufrido bastante
en combates y peligrosas acciones.
Sí, me importa un pito Dulcinea.
¡Dejadme ir sin castigo!

Los hombres amenazan a SANCHO *en broma con palos y lo
acorralan, mientras él protege sus nalgas con las dos manos.*

TODOS
¡Sancho, Sancho,
golpéate esas nalgas!
¡Ayuda a la damisela a librarse del hechizo,
y a sellar así la felicidad de tu señor!

EL DUQUE
(Con afectación cómicamente exagerada).
¿Es tal tu lealtad de escudero,
el agradecimiento por todo el amor

que tu señor no cesa de mostrarte,
que un par de latigazos te resultan demasiado?

TODOS

¡Sancho, Sancho,
golpéate esas nalgas!
¡Ayuda a la damisela a librarse del hechizo,
y a sellar así la felicidad de tu señor!

SANCHO

(Sacando pecho orgulloso).
Muy bien, entonces me decido:
recibiré los azotes de buen grado.
*(Mirando dubitativamente a don Quijote y al duque, mitad
con astucia, mitad con resignación).*
¡Si… si… se me concede una ínsula
(sorpresa general)
en la que ejerza como gobernador!

TODOS

(Con gran júbilo, pero entre ellos).
¡Cómo! ¿Quiere tener una ínsula
y ser gobernador en ella?
¿De dónde ha sacado esa idea?
¡El muy estúpido quiere ser gobernador!
¡Ja, ja, ja, ja!

LA DUQUESA

(Al DUQUE).
¡Oh, esposo, estáis de humor,
así que permitid que os susurre:
¡cerrad con este divertimento el día
y a quien no le guste que se fastidie!

EL DUQUE
>Si con tus golpes
>salvas a la bella del Toboso
>haré que te coronen de inmediato
>gobernador de una ínsula.
>Está habitada por blancos y negros,
>la capital se llama Rinocerópolis.
>Lleva en honor al más sabio de los escuderos
>un rinoceronte en su blasón.

SANCHO se arroja brillando de felicidad y orgullo a los pies del
DUQUE y permanece así.

TODOS
>¡Rinocerópolis debe brillar
>y con ella su gobernador!

EL DUQUE
>*(Muy festivo).*
>¡Adornadle con tiara y espada!

SANCHO saca pecho y se levanta de nuevo.

>¡Llevadlo triunfante ante su pueblo!

SANCHO PANZA es alzado a un escudo, mientras pone, sin em-
bargo, un gesto muy estúpido. Algunos hombres lo golpean en
broma con la espada ante lo que él se resiste en vano. DON
QUIJOTE se arrodilla ante el DUQUE.

DON QUIJOTE
>Os expreso mi agradecimiento, oh, señor, por vuestra gracia,
>con la que nos honráis tanto a mí como a Sancho.
>Me han invitado a Zaragoza.

Sancho Panza es vestido pomposamente y coronado con una tiara. Lo cubren con un manto amarillo canario y le colocan una espada al cinturón.

Iré con mi noble caballo,
allí se celebra un torneo caballeresco,
¡os llegarán noticias de mi victoria!

Los duques se despiden de don Quijote, le llevan su caballo y a Sancho su rucio, que rechaza con cómica indignación.

Todos
¡Viva nuestra señora! ¡Viva nuestro señor!
¡Viva don Quijote, la estrella de la caballería!
¡Viva, viva, viva!

Don Quijote se prepara para montar a Rocinante.

ACTO III

INTRODUCCIÓN

Escena: la carretera hacia Zaragoza en una atmósfera romántica y solitaria. Al fondo las montañas escarpadas de Sierra Morena. A la derecha, detrás, se eleva una alta y escarpada montaña rocosa que llega hasta la carretera. A la derecha, delante, árboles y arbustos en el colorido característico del otoño tardío. Tétrica atmósfera vespertina.

ESCENA 1

Carrasco y Mercedes aparecen por la izquierda, el primero vestido de forma extravagante como el Caballero de la Blanca Luna (barba negra falsa, puntiaguda, brillante armadura; en el casco, cuyo visor está abierto temporalmente, una media luna con ambas puntas hacia arriba; sobre el gran escudo, el dibujo de una luna creciente). La segunda va disfrazada de campesina. Carrasco lleva en el brazo derecho el viejo y largo gabán verde de un disfraz de heraldo además de una trompeta y conduce con la mano izquierda un caballo cubierto de una montura decorada con motivos de medias lunas. Mercedes lleva en una mano un cesto con trigo, que coloca en el suelo cuando entra; en la otra, la máscara de una mujer fea o una abominable nariz y una peluca de pelos tiesos y pelirrojos.

Carrasco
  Aunque ya sea tan tarde, ha de pasar por aquí;
  porque solo este camino le lleva a Zaragoza
  desde la vegetación salvaje y árida de la sierra
  en la que se prepara para los sufrimientos del torneo.

MERCEDES

Si consigues lo que yo tanto ansío,
si conduces a mi querido tío de nuevo hasta mí,
entonces podré llamarme doblemente afortunada
porque te concederé mi mano si la ganas con tu hazaña
y seré tu prometida.

CARRASCO

Ya me ves, mi vida,
entrar al juego que nos conducirá a ese objetivo.
Otra vez debo engatusar al pobre hombre
con triquiñuelas.

MERCEDES

(Inclinándose cariñosamente sobre su hombro).
Quizás tengas éxito
en traerlo de nuevo al calor del hogar
donde lo espera la paz, perturbada durante tanto tiempo.

CARRASCO

¡Y para mí, oh, la recompensa de tu mano!
Tú sabes que yo mismo pertenecía a los burladores
que se reían de su noble locura.
(Íntimamente).
Tú me has enseñado
con bella preocupación la compasión
que merece su gran imaginación.
Me has hecho un hombre mejor
y siento que solo puedo
considerarme digno de ti
cuando haya hecho
lo que el amor me ha ordenado.
No es la posesión solo
lo que me impulsa
a intentar procurar alivio al desafortunado.

La obligación hacia mi prójimo
es asimismo mi propósito.
Debo ganarte; lo sé muy bien.

MERCEDES
(Muy íntimamente).
Esposo querido, desde este momento te amo.
(No sin humor).
Y yo intentaré como la campesina Dulcinea,
con el encantamiento de la fealdad
(señala la peluca y la nariz postiza)
acabar con la encantadora manía
que amenaza con apagar la luz de su espíritu.
Como heraldo anuncio entonces a…
(señala a CARRASCO*)*
al Caballero de la Luna, que se aproxima
para batirse con él en lucha.
Te será más fácil vencerle
y obligarle a prometer
que renunciará para siempre a la caballería
cuando se sienta vulnerable por la decepción.

MERCEDES / CARRASCO
Se me encoge el corazón con la idea de
infligirle tanto sufrimiento;
Pero el fin justifica los medios.
Nuestras fuerzas unidas
podrán hacerlo.
(Ardientemente).
¡Oh, cielos, ayúdanos a salvar a este hombre noble,
y a llevarlo de vuelta al calor del hogar!

ESCENA 2

Se oye ruido de armas, tambores y clarines de guerra. Carrasco *y* Mercedes *corren a esconderse tras el peñasco detrás a la derecha. Entre los sones de guerra una horda de hombres empuja a* Sancho Panza, *todavía vestido de gobernador, hacia delante. Le golpean.* Sancho Panza *chilla y cae finalmente, muerto de miedo, al suelo. Le quitan violentamente la tiara y la espada y le quitan el manto. Él se protege instintivamente con su enorme escudo redondo, ante el que los hombres, imitando una lucha salvaje, fingen batirse en retirada.*

Los hombres
(*Con sorna incontenida*).
¡Adelante, camaradas!¡Adelante, camaradas!
¡A la revuelta, a la revuelta!
¡Echadlo de aquí!
¡Cerrad las puertas!
¡Traed granadas, aceite hirviendo!
¡Haced que pague los tres mil latigazos!
¡Haced que los pague!
¡Dadle con el látigo!

Sancho Panza
¡Dejadme vivir!
¡Pobre de mí! ¡Ten piedad, señor!
(*Llorando*).
¡Piedad, señor!
¡Piedad, piedad!

Los hombres
¡Sancho, Sancho!
¡Gobernador eras
y ya no lo eres!
(*Chillándole al oído*).

¡Bébetelo todo, glotón!
Bebe solo agua, hártate de col.
Hacedle pagar los tres mil latigazos.
¡Dadle aún más!
¡Vamos, camaradas, vamos!
¡Burro, estúpido!
¡Lárgate ya!
Sé de nuevo un campesino.
¡Lárgate ya!
¡Gobernador fuiste
y ya no lo eres!
¡Lárgate ya!

La muchedumbre desaparece sin dejar de hacer ruido por la calle hacia la derecha. SANCHO PANZA *permanece tirado y quejumbroso.*

SANCHO PANZA
    ¡Au, au!
    Estoy en apuros
    en medio de la nada más salvaje.
    Se han vengado,
    ¿qué he hecho yo?
    Mis párpados
    pesan tanto.
    (Cada vez más bajo).
    ¡Ven, querido sueño,
    que soy muy bueno!
    (Se duerme).

ESCENA 3

DON QUIJOTE *llega desde el fondo descendiendo la montaña a lomos de Rocinante, sosteniendo la lanza inclinada hacia delante. Está visiblemente demacrado.*

Don Quijote
   Allí en aquel árido lugar
   se retiró el caballero más fiel
   por su señora. Sin palabras,
   (cabalga un poco hacia delante)
   sin lamentos, luchó valiente.

Se apea del caballo y lo ata a un árbol a la derecha, de forma que no es visible para el espectador.

Don Quijote
   Amor casi lo tortura hasta la muerte
   pero él no regresó de puntillas
   sino pisando fuerte.
   (Con expresión importante).
   Por ello lloró don Quijote
   por estar lejos de Dulcinea del Toboso.

Don Quijote, que hasta entonces no se ha percatado de la presencia de Sancho, avanza unos pasos hacia delante, choca entonces contra él y lo reconoce.

   ¿Es él de veras?
   ¿O me engañan las apariencias?
   Sancho, el más afortunado de los hombres,
   puedes dormir con el corazón tranquilo,
   sin envidiar, sin ser envidiado.
   No te persiguen encantadores,
   no te irritan los celos
   por la dama de tu corazón
   y tampoco te tortura ningún vanidoso esplendor mundano;
   Pues los límites de tus deseos
   no van más allá de la preocupación
   por tu estómago.
   ¡Por ello, duerme, Sancho, duerme!

SANCHO PANZA
(Se despierta y ve a DON QUIJOTE).
¡Ah! ¿Sois vos, vuesa merced?
¿Cómo habéis venido a parar aquí?

DON QUIJOTE
¡Deja de preguntar!
¡Di, por el contrario,
si has terminado con los latigazos!
(Con nostalgia).
¿Puedo, por fin, contemplar
a mi vida, Dulcinea, desencantada?

SANCHO PANZA
¡Oh! He sufrido mucho
cuando comenzó
en la capital Rino…, Rino…
(no acierta con el nombre correcto)
Rinocoplis.
Cuando el pueblo, que gobernaba,
me destituyó del trono
y me persiguió hasta las regiones salvajes.
(Solloza).
Diez veces tuve que soportar
aquellos desgraciados golpes,
ya que como no me los quise dar yo mismo
me los infligieron en el cuerpo.

DON QUIJOTE
¡Oh, mi Sancho, eso es magnífico!

SANCHO PANZA
¿Cómo podéis encontrar magnífico
que haya sido golpeado hasta quedar
verde y azul, hasta no poder arrastrar
siquiera las extremidades?

DON QUIJOTE
Magnífico porque ahora Dulcinea
dejará de ser una campesina.

SANCHO PANZA
(Se ha recuperado rápido).
Eso era lo que quería decir.
Cuando venía de camino
vi a una joven señorita[23] fornida
trillando una fanega de trigo
y le pregunté por el camino.
(Con voz fina).
«Sancho, busca a don Quijote», dijo ella.
(De igual modo).
«Soy Dulcinea. Salúdalo de mi parte».

DON QUIJOTE
(Con la más feliz excitación).
¡Dulcinea me saluda!
¿Cómo voy a soportar esta delicia?
Pero, di,
¿cómo siguió la cosa?

SANCHO PANZA
(Se esfuerza en fantasear).
Oí un ruido
y de repente estaba frente a mí
en lugar de la joven dama
un ser indescriptible
más bello de lo que yo haya visto nunca.
Y dije: «¡Limitada señora!

---

[23] *Dirne* es el sustantivo que Sancho emplea en el original alemán para referirse a Dulcinea, que en alto alemán medio (*Mittelhochdeutsch*) significa 'joven señorita' y en alemán moderno, 'prostituta'.

—*infinita* quería decir—,
infatigable buscáis al Caballero de la Triste Figura.
Él suspira sin fin con estos versos:
(exageradamente)
"Tuyo soy hasta la muerte
ardientemente amada Dulcinea,
¡oh, mi corazón!¡oh, mi vida!"».
Y dijo que venía por este camino
a vuestro encuentro,
si os dirigís al torneo
para daros su bendición aquí
en persona.

DON QUIJOTE
Sancho, ¿cómo puedo agradecerte
la buena nueva?

SANCHO PANZA
(Casi azorado).
¡Por favor, por favor!
Con mucho gusto he contado
lo que tanto os ha alegrado el corazón.

MERCEDES
(Tras la escena, aún bastante alejada, tarareando fuerte).
¡Ho-lala, ho-lala!

SANCHO PANZA
(Aprovechando la oportunidad).
¡Ved, ahí viene Dulcinea!

DON QUIJOTE
(Excitado).
¿Dulcinea?

SANCHO PANZA
  ¡Sí, es ella!

MERCEDES
  (Tras la escena, se acerca).
  ¡Ho-lala, ho-lala!

DON QUIJOTE
  ¡Solo veo a una campesina!

SANCHO PANZA
  ¿Tenéis los ojos en la espalda,
  que no veis a la bella
  resplandeciente como la luna en el cielo,
  sus nobles proporciones
  y el pelo, que juega con el viento,
  así como con los mismos rayos del sol
  y la gracia de su caminar
  que más parece que flota que camine?

DON QUIJOTE
  No veo nada de eso.

MERCEDES
  (Todavía fuera de la escena pero muy cerca).
  ¡Ho-lala, ho-lala!

ESCENA 4

MERCEDES llega caminando torpemente desde el fondo con la nariz postiza, la peluca pelirroja colocada, un cesto lleno de paja sobre la cabeza, descalza y vestida de campesina a la carretera. SANCHO PANZA se arroja arrodillado a sus pies, cortándole así el paso. A alguna distancia está DON QUIJOTE con profundo nerviosismo y absolutamente petrificado ante una visión de veras decepcionante.

SANCHO PANZA
(Interrumpiéndola).
¡Sublime reina de la belleza!

MERCEDES *los examina a ambos mirándolos de arriba a abajo y finalmente estalla en sonoras y toscas carcajadas por la mirada de* DON QUIJOTE.

¡Dignaos muy gentilmente
a recibir a aquel caballero
que a causa de vuestra gloria
se ha quedado ahí
totalmente confundido y como petrificado,
pálido y sin aliento!

MERCEDES
¡Idos al diablo, bufones!
Dejadme pasar o yo misma me abriré paso.

DON QUIJOTE
(Sin abandonar su sitio se arrodilla lentamente, con la mirada turbada y confusa dirigida fijamente hacia MERCEDES).
¿Es posible?
¿Dulcinea es esta simple joven campesina?
¡Oh, malvadísimos encantadores que
para causarme a mí preocupaciones
le habéis tornado los ojos de perla
en vulgares bellotas
y los reflejos dorados de su pelo
en pelos rojos de cola de vaca!

De veras, ¿no soy la viva imagen
de un caballero desafortunado?

SANCHO PANZA
Ese es mi señor, el famosísimo
don Quijote de la Mancha.
(Alto; a la manera de un trovador).[24]
Gran señora del Toboso,
¿no se conmueve vuestro noble corazón
al ver arrodillado ante vuestro encantador semblante
el pilar y soporte de toda la caballería andante?

MERCEDES
¡Bufones, bufones!
Dejadme pasar o yo misma me abriré paso.
No me hagáis perder tiempo.
(A SANCHO PANZA).
¿Cómo? ¿Quieres burlarte de una campesina?
¡Mira, no sea que te arrepientas!
¡Mira, no sea que te arrepientas!

SANCHO PANZA
(Aún más alto).
Gran señora del Toboso…

MERCEDES
(Fingiendo encolerizarse).
¡Mirad al estúpido patán!
¿Burlarse de mí?
Te vas a acordar.
Espera, que te vas a enterar.

---

[24] Referencia a la Edad Media, muy del gusto romántico.

Le da a Sancho Panza *una recia bofetada. Este se pone la mano sobre la mejilla y solloza. Ella quiere abrirse espacio y continuar su camino. Finalmente,* don Quijote *tropieza y cae arrodillado ante ella.*

Don Quijote
(Con profunda pasión).
¡Oh, no partáis, encantadora dama,
tú, único consuelo del humilde corazón,
(con pasión ostentosamente creciente)
y mírame
de forma que quizás reconozcas…

Sancho Panza
(Para sí; compasivo).
Ahora sí que realmente siento con toda el alma
haber engañado tanto al buen señor.

Don Quijote
… con qué humildad te adora mi espíritu.
¡Oh, no partas, encantadora dama,
y mírame!
Durante años he anhelado el momento
en el que tendría la suerte de contemplarte.

Sancho Panza
(Para sí).
Solo fue por el miedo atroz a los latigazos.

Don Quijote
Aunque los encantadores me lo concedan a regañadientes,
¡quédate, pronuncia aunque solo sea una palabra de amor!

Sancho Panza
Quizás…

DON QUIJOTE
  ¡Una palabra de amor!

SANCHO PANZA
  … me los pueda dar aún en silencio.

MERCEDES
  (Para sí).
  ¡Cómo me duele en lo más profundo del corazón
  cuando veo cómo lo mortifica su locura!
  Pero la debilidad no debe vencerme ahora
  si quiero alcanzar el verdadero objetivo.

SANCHO PANZA
  ¿Por qué, encantadores malditos,
  lo habéis arreglado todo de forma tan dolorosa,
  que el desencantamiento de Dulcinea
  solo podía ser posible con mis latigazos?

DON QUIJOTE
  Tú, único consuelo de mi humilde corazón,
  ¡mírame!, ¡quédate!,
  ¡pronuncia aunque solo sea una palabra de amor!
  ¡Oh, no partas,
  encantadora señora!

MERCEDES
  (A DON QUIJOTE, tosca).
  Vete a casa, viejo abuelo,
  dedícate a plantar coles y deja ya de andar errante.
  (Burlándose de él).
  ¡No sirves para la caballería andante
  con tu pobre y triste figura!

Don Quijote
(Ingenuo).
¡Soy el caballero, oh tú, encantadora dama,
de los caballeros; de la Triste Figura!

Mercedes
(Para sí).
Difícil me será hacer esto último;
(hace como si quisiera irse)
pero una cura a medias no le hará ningún bien.

Don Quijote
(Con máxima afectación).
¡Oh, quédate, quédate, dulce Dulcinea
ante quien mi alma se derrite de admiración!

Mercedes
(Ridiculizándolo).
Como me gustan tanto estas adulaciones sin sentido,
(bruscamente)
me marcho. ¡Ahora apártate de una vez!

Vacía el cesto de paja sobre la cabeza de Don Quijote. *Este emite un grito corto y se desploma después.* Mercedes *desaparece por delante hacia la derecha.*

ESCENA 5

Don Quijote
(Con la más profunda emoción en la expresión).
Amor, si pienso en los suplicios
que nunca te cansas de infligirme,
ansío tan solo la muerte
para poner término a mi dolor inusitado.

Si he alcanzado al fin
ese puerto en mi mar lleno de desdichas,
entonces será de nuevo fácil para mí
no desear ya morir.
Así la vida se convierte para mí en muerte
y la muerte me llama de nuevo a la vida.
¡Ay! ¡Qué grande es mi cuita que
he de deslizarme entre el ser y el no ser!

SANCHO PANZA
(Hablando para sí).
Que Satán se lleve a todas las Dulcineas
que pueda haber en el mundo,
que los servicios de un solo caballero
tienen más valor que todos los encantamientos
y metamorfosis de la Tierra.

*Se oyen clarines tras la escena, bastante alejados. DON QUIJOTE
y SANCHO PANZA susurran atentos.*

DON QUIJOTE
¿Oyes, Sancho, los clarines sonando?
A una nueva lucha me invita esa señal.

SANCHO PANZA
Mi buen señor, así es.
¡Ved!
Un noble caballero viene cabalgando hacia aquí.

DON QUIJOTE
(Orgulloso).
Me busca a mí, ¡no hay duda!
Tengo por delante una insigne lucha.
(Se levanta del suelo y se prepara; a SANCHO PANZA).
¡Estate listo para un digno recibimiento!

ESCENA 6

MERCEDES aparece en escena a la derecha desde el fondo como heraldo y toca una señal más. Inmediatamente tras ella CARRAS-CO se acerca cabalgando lentamente con los ropajes ya descritos como «El caballero de la Blanca Luna» y con la visera cerrada. Se apea del caballo, cuyas riendas sujeta MERCEDES en calidad de heraldo y se arrodilla ante DON QUIJOTE.

CARRASCO
(Grotesco en la dicción).
Altamente sublime y famoso,
aún no valorado como se debería por sus hazañas,
don Quijote de la Mancha,
¡deja que te rinda homenaje con reverencia!
(Se levanta).
Soy de la Blanca Luna el Caballero,
cuyas inauditas hazañas
sin duda te serán conocidas.
Vine a medirme en lucha
con el más grande de los héroes
ante quien aquí me arrodillo.

DON QUIJOTE
(Tranquilo y distinguido).
Tus hazañas no me son conocidas,
como no lo es tampoco el escudo de tu linaje.
Pero tengo en cuenta tu petición
y estoy inclinado a concedértela.
Aunque dime, ¿qué te lleva
a retarme en duelo?

CARRASCO
Has de reconocer abiertamente ante mí
que la dama de mi corazón

sobrepasa con mucho en belleza
a tu señora Dulcinea.
Si a esto te avienes,
permanecerás con vida
y me ahorrarás el esfuerzo
de darte el golpe mortal.
Si no, se confirma entonces
la lucha que acabo de mencionar.
Si me vences, dispondrás
de mi vida y de mis armas
y la fama de mis hazañas
pasará a ti.
Si venzo yo, solo exijo una cosa:
que depongas las armas
y te retires para siempre
a tu tranquila aldea de origen
donde descansarás en paz
hasta el fin de tus días.
Si estás de acuerdo con ello, ¡entonces jura
que cumplirás con esta condición!

DON QUIJOTE
(Muy serio).
De veras son temerarias las palabras
que pronuncias en nombre de tu dama.
Con gusto avanzo hacia la batalla
y juro por la salud de mi alma
que cumpliré con la condición
que acabas de imponerme.
¡Escoge el campo que más te guste!
Y de nuevo lo pronuncio en voz alta:
no existe dama más bella
que la señorita Dulcinea.
¡Mira por mí, amada mía!
A ti encomiendo mi alma.

CARRASCO
(Mirando a MERCEDES*).*
¡Mira por mí, amada mía!
A ti encomiendo mi alma.

MERCEDES *toca una señal de trompeta.* DON QUIJOTE *y* CA-
RRASCO *se alejan un poco el uno del otro.* CARRASCO *no espera
a ningún ritual de duelo y arremete de repente con todas sus
fuerzas contra* DON QUIJOTE*, antes de que se haya preparado,
lanzándolo al suelo. Ha puesto la punta de la lanza delibera-
damente hacia arriba para no herir a* DON QUIJOTE*. Ahora, sin
embargo, le pone la punta de la lanza delante de la visera.*

CARRASCO
(Solemnemente).
Mi dama ha sido vengada.
¡Cumple ahora con lo prometido!

DON QUIJOTE
(Estallando).
¡Oh, pobre de mí, el más desafortunado de los caballeros
que han nacido nunca en esta Tierra!
Dame la estocada final, toma también mi vida,
ya que te he concedido el honor!

CARRASCO
¡No! Has de vivir con un nuevo propósito.
(Misteriosamente).
¡Por tu bien y el de los tuyos
deberás ser y no aparentar ser!

DON QUIJOTE
(Casi sin voz; sacando las palabras con mucho esfuerzo).
Renuncio, pues, al héroe
pero sobrellevaré mi infortunio como tal.

CARRASCO
(Entregándole una carta enrollada y sellada).
Cuando hayas llegado a tu hogar, todo quedará claro con
este papel.
¡Te deseo una buena vida, Quijano!
Nos veremos de nuevo.

CARRASCO monta en el caballo que le ha alcanzado MERCEDES
mientras DON QUIJOTE intenta levantarse para desplomarse
inmediatamente después, devastado.

DON QUIJOTE
¡Todo ha terminado!

CARRASCO cabalga hacia la izquierda; MERCEDES lo sigue. SAN-
CHO PANZA, que, al fondo, silencioso y compasivo, ha estado
siguiendo todo lo ocurrido, se acerca a DON QUIJOTE y se inclina
sobre él de rodillas.

SANCHO PANZA
(Hablando).
Señor, ¡dejad que os lleve a casa!

DON QUIJOTE levanta la mirada lentamente hacia SANCHO y
asiente con una sonrisa melancólica. Después de soltar el caballo y conducirlo hasta él, SANCHO ayuda con delicadeza a
DON QUIJOTE a levantarse. Mientras se prepara para colocar al
hombre completamente destrozado sobre Rocinante se cierra
la cortina. La música que sigue representa el triste camino de
vuelta de DON QUIJOTE.

ESCENA 7

Sancho introduce a Don Quijote por la puerta trasera y le ayuda a sentarse en el sillón. Don Quijote le hace entonces una señal para que se aleje. Sancho Panza obedece y se marcha a través de la puerta trasera, después de colocar la carta enrollada que ha portado en la cornisa baja de la estantería de libros. Echa un último vistazo preocupado a Don Quijote. A partir de aquí, Don Quijote está solo.

Don Quijote
   (A media voz).
   ¡Por tu bien y el de los tuyos
   deberás ser y no aparentar ser!
   Por mucho que le dé vueltas
   no le encuentro sentido.
   (Con expresión sentida).
   Quijano me llamó para enfadarme
   (melancólicamente)
   porque ya no soy Quijote.
   Así debe entenderse.
   (Intensificando gradualmente el volumen).
   ¡En la vana nada se deshicieron mis altas aspiraciones!
   ¡Muerte en mi corazón!
   ¿Para qué seguir viviendo?
   (Esconde la cara entre las manos).
   ¿Así debe terminar un caballero andante
   que una vez iluminó el mundo con su esplendor?
   No puedo renunciar a mi caballería,
   al adorno de las armas, a la fama del héroe,
   pero ¡ay! Hice el juramento
   y con él perdí mi suerte y mi bienestar.
   (Coge un libro de la mesa y lo mira con melancolía).
   Si nunca os hubiera leído, libros,
   a vosotros, que fuisteis mis maestros,

habría sido más feliz,
porque me habría ahorrado un amargo dolor.
Nadie más debe sufrir por vosotros,
por ello quiero, antes de despedirme,
redactar mi testamento:
(escribe con la pluma diciendo en voz alta)
¡los libros de caballerías todos a la hoguera!
La mitad de mi pequeña fortuna,
que ha aumentado con sacrificios
pasará, cuando ya me haya ido a la tumba,
al fiel servidor Sancho Panza,
que de continuo me siguió de forma incondicional, como
     un perro,
cuyo corazón siempre me comprendió,
aunque de su boca salieran con frecuencia tonterías.
Que la otra vaya a manos de Mercedes,
pero si quiere entregársela a un esposo,
solo a aquel
que no sepa nada de libros de caballerías.
(Firma el escrito y aparta la pluma, vuelve a coger el libro
de antes con la mano y lo hojea, iluminándosele con ello
visiblemente la expresión del rostro).
¡De nuevo despertáis mis sentidos,
mensajeros de un tiempo sublime!
¡Cantáis sobre dulces amores caballerescos
(se levanta inconsciente y lentamente del sillón)
de la magnificencia de grandes héroes!
(Tira de repente el libro al suelo, se queda con la mirada fija
al frente y estalla en sonoros lamentos).
¡Perdido para siempre!
¡Mi suerte destruida!
¡Condenado a muerte!
¡No puedo volver nunca más!
(Se acerca a la estantería, como atraído por una mano
invisible, con creciente furia y turbación).

¿Por qué me atraéis
y me sonreís
y os regodeáis en mi sufrimiento?
(Con tono imperativo).
¡Míos sois todos y yo vuestro maestro!
¡Conmigo a la tumba, abajo, abajo!
*(Tira impetuosamente al suelo un libro detrás de otro de
la estantería y varios después a una chimenea abierta
donde se los ve arder en llamas, hasta que, agotado, se
desploma sobre los libros que aún quedan en el suelo. Coge
mecánicamente la carta enrollada de* CARRASCO *que se ha
caído de la cornisa de la estantería cuando ha arrojado los
libros al suelo, la desenrolla con vehemencia y le echa un
vistazo; muy brevemente fuera de sí).*
¡Manipulado, engañado, burlado, embaucado,
ya sea por personas o por encantadores!
*(Levantando con sus últimas fuerzas un volumen y
catapultándose al suelo con los ojos brillantes).*
¡Malditos seáis vosotros y los que os han escrito!

Cae muerto. Llaman repetidamente a la puerta.

ESCENA 8

Aparecen por la puerta trasera CARRASCO *y* MERCEDES. *El primero con el escudo y el casco de la Blanca Luna, la segunda con
la nariz, la peluca pelirroja, las ropas de heraldo y la trompeta
en las manos.* CARRASCO *quiere avanzar hacia* DON QUIJOTE,
pero, asustado, retrocede unos pasos cuando lo encuentra muerto.

CARRASCO
¡Ah, hemos llegado tarde!

MERCEDES *se lanza sobre el cadáver.*

MERCEDES
  Carrasco, hemos sido nosotros
  los que le hemos provocado la muerte
  y sobre todo yo
  soy la culpable.

CARRASCO
  (Tierno).
  ¡Cálmate, mi querida jovencita!
  Solo deseabas su bien.

SANCHO se asoma a través de la rendija de la puerta trasera, apenas abierta, y entra lentamente.

CARRASCO
  (Guía a SANCHO PANZA hacia el cadáver de DON QUIJOTE).
  ¡Mira, Sancho, a tu amo muerto!

SANCHO PANZA
  (Muy ingenuo. Sonriendo incrédulo a CARRASCO, en la puerta, junto a la puerta aún entreabierta, se lanza entonces sobre el cadáver).
  No es verdad.
  (Con expresión de angustia creciente).
  ¡Despertad, despertad, mi buen amo!
  (Muy afectado).
  No podéis estar muerto.
  (Asustado, ansioso).
  ¡No se mueve!
  ¿Es verdad o encantamiento?
  (Lleno de ira y dolor).
  ¿Quién lo ha matado?
  ¡Que venga,
  que lo mataré a golpes!

Rompe en sollozos incontenibles y cubre las manos del cadáver de besos. A partir de aquí Sancho *permanece inmóvil sobre el cadáver.* Carrasco *mira inquisitiva y amorosamente a* Mercedes *y le tiende la mano. Después de que ella ponga la mano sobre la suya, aparta a* Mercedes *suavemente del cadáver hacia su pecho.*

SE PONE EL TELÓN

Don Quijote se preparó
para su publicación en el estudio
de Pandiella y Ocio (Oviedo, España)
y se compuso con las tipografías
Minion Pro (Adobe) en la tripa
y Kiperman (Harbor Type)
en la cubierta.